MARCELO NOGUEIRA

ENGENHARIA DE SOFTWARE

UM FRAMEWORK PARA A GESTÃO DE RISCOS EM PROJETOS DE SOFTWARE

CB051347

Cópia não autorizada é crime
Lei 9.610 de 19/02/1998
Respeite o direito autoral

EDITORA
CIÊNCIA MODERNA

Engenharia de Software: Um Framework para a Gestão de Riscos em Projetos de Software

Editor: Paulo André P. Marques
Produção Editorial: João Luís Fortes
Copidesque: Renato Yoshio Murata
Capa: Cristina Hodge
Diagramação: Érika Loroza

FICHA CATALOGRÁFICA

NOGUEIRA, Marcelo
Engenharia de Software: Um Framework para a Gestão de Riscos em Projetos de Software

Rio de Janeiro: Editora Ciência Moderna Ltda., 2009

1. Informática. Engenharia da computação
I — Título

ISBN: 978-85-7393-785-5

CDD 001.642
621.381

Editora Ciência Moderna Ltda.
R. Alice Figueiredo, 46 – Riachuelo
Rio de Janeiro, RJ – Brasil   CEP: 20.950-150
Tel: (21) 2201-6662 / Fax: (21) 2201-6896
LCM@LCM.COM.BR
WWW.LCM.COM.BR

Dedico a Deus, nosso pai, nosso protetor.

Dedico a Jesus Cristo, nosso irmão maior.

*Dedico à minha esposa Rosana, que colaborou com
todas as outras atividades, proporcionando tempo
para realizar a complexa tarefa de escrever esta dissertação,
fruto de muito estudo e pesquisa ao longo de anos.*

*Dedico também aos meus pais, meus avós, meus irmãos
e a todos os meus amigos, que sempre acreditaram
no meu trabalho em prol de um mundo melhor,
principalmente para as pessoas que acreditam em seus
potenciais e consideram os valores dos demais.*

AGRADECIMENTOS

Para alcançar nossos objetivos, deparamo-nos com momentos mágicos. Na busca de enriquecimento cultural, com certeza a mão de Deus colocou em nossos caminhos pessoas que serão para sempre nossos mentores do conhecimento, dos quais adquirimos uma visão totalmente diferente da que possuíamos há bem pouco tempo atrás.

Conhecimentos que estes homens, como nossos maiores homenageados, buscaram compreender e principalmente transmitir de maneira simples e objetiva, conceitos de grandes personalidades, criadores dos principais pensamentos e ideologias que incorporamos à vida, enquanto sem mesmo perceber, somos concebidos, aperfeiçoados pela força maior, vinda do Criador, que nos capacita a pensar, aprender, escrever, debater, pesquisar e nos tornar cidadãos melhores a cada dia.

Portanto, agradeço a todos os meus professores e especialmente aos doutores Marcelo Pessoa, Mauro Spinola e Oduvaldo Vendrametto pelo apoio incondicional e pela oportunidade de desenvolver minhas pesquisas acadêmicas. Também em caráter de agradecimento por todo o tempo despendido pelos professores doutores Jair Minoro Abe e José Pacheco Prado, orientador e co-orientador respectivamente.

Ao prof. Dr. João Inácio da Silva Filho, um dos componentes da banca examinadora, pelas observações precisas, cuidadosas quanto à análise e julgamento deste trabalho e principalmente pelo incentivo desde a época da graduação.

Aos funcionários da secretaria da UNIP - Pós Graduação - Engenharia de Produção, pelos quais sempre fui prontamente recebido, atendido e auxiliado em todos os momentos e principalmente incentivado a cada publicação de artigos alcançada.

Ao amigo Mario Mollo, e a todos os colegas, mestrandos e mestres do programa, companheiros durante o cumprimento dos créditos e que muito me ensinaram e ajudaram, pelo apoio e incentivo durante a realização deste trabalho.

Prefácio

A evolução do conhecimento científico e tecnológico traz expectativas promissoras e, ao mesmo tempo desafios de incorporá-los no dia-a-dia das pessoas de maneira razoável e útil.

O estágio atual de desenvolvimento de softwares é certamente uma dessas áreas que vêm se aprimorando na busca de articulação entre o hardware, a necessidade a ser atendida, o software e a gestão desse processo laborial. Este livro aponta, na sua parte inicial, as dificuldades e o baixo índice de sucesso na tarefa de elaboração de softwares. Falhas críticas, decorrentes da concepção do projeto, falta de visão e abrangência do problema a ser resolvido, entre outros, exigem freqüentes alterações, adaptações, descaracterizando a proposta inicial, descumprindo prazos e aumentando custos.

A rica e detalhada análise bibliográfica possibilita ao leitor conhecer as diversas fases de como vem crescendo o processo de desenvolvimento de software. Os aprimoramentos obtidos, as preocupações que devem cercar os projetos, as diversas áreas de conhecimentos e o tipo de qualificação dos especialistas, os sistemas de qualidade e seus indicadores como formas de melhorar a relação usuário – máquina e reduzir o risco do empreendimento. Com muita competência e felicidade, essas informações e idéias são passadas ao leitor.

Entretanto, a resposta à questão: "Que riscos podem provocar o insucesso do projeto de software?" é a inovação e desafio que o autor se propõe a responder. Para isso, cria um modelo, em que todos os tipos de riscos são explorados, identificados e descritos. Cita, como resultado de vasta pesquisa bibliográfica, formas e instrumentos de monitorar e controlar os riscos, para então apresentar o seu modelo.

O modelo está fundamentado em uma portentosa teoria – lógica paraconsistente – que disponibiliza uma ferramenta *lógica paraconsistente anotada* para tratamento do conhecimento incerto. *Conhecimento incerto é aquele que é discutível e ao qual normalmente se associa uma medida de incerteza que descreva, de algum modo, crenças para as quais existem certas evidências de apoio.* Na apresentação do modelo houve a preocupação com o rigor científico, e também a intenção de tornar a complexidade do mesmo em algo aplicável. Com isto, o modelo fica ao alcance daqueles que estão envolvidos com atividades de software. Uma aplicação, extremamente detalhada, resultante de uma pesquisa é apresentada como exemplo e com certeza dará garantias e segurança aos interessados em utilizar o modelo.

Esta obra, pela contribuição que apresenta para a melhoria e desenvolvimento de softwares com sucesso, passa a ser imprescindível para todos que operam nessa área, na formação de estudantes e de gestores.

O autor, Marcelo Nogueira, estudioso e dedicado, com longa militância tanto acadêmica como de consultoria, está de parabéns pela forma didática com que conseguiu abordar e disponibilizar um problema tão complexo e de muita importância.

Prof. Dr. Oduvaldo Vendrametto
Coordenador do Programa de Pós - graduação em
Engenharia de Produção da Universidade Paulista

Sumário

LISTA DE EQUAÇÕES

LISTA DE ABREVIATURAS

TI .... Tecnologia da Informação.
SI .... Sistemas de Informação.
CMM .... Capability Maturity Model.
LPA Eτ .... Lógica Paraconsistente Anotada de dois valores.
QUPC .... Quadrado Unitário do Plano Cartesiano

LISTA DE SÍMBOLOS

τ .... Reticulado
V .... Verdade
F .... Falso
⊥ .... Paracompleto
T .... Inconsistente
μ .... Grau de crença
λ .... Grau de descrença

Introdução

Este capítulo apresenta uma breve introdução do problema, definições relevantes para compreensão do tema, a motivação, justificativa, objetivos, metodologia utilizada e a estrutura do trabalho.

I.1 Considerações Iniciais

Num ambiente competitivo e de mudança cada vez mais complexo, a gestão adequada da Informação assume uma importância decisiva no processo de tomada de decisão nas organizações.

Tratando-se de um tema simultaneamente abrangente e especializado, a adoção das práticas da Engenharia de Software como linha base da Gestão da Informação, possibilita, não só desenvolver e consolidar os conhecimentos no desenvolvimento de software, bem como preparar os desenvolvedores para encarar com confiança os novos desafios no mundo dos negócios, reforçando as competências profissionais, mantendo-se atualizado em relação ao potencial dos sistemas de informação e das novas tecnologias numa perspectiva empresarial competitiva globalmente.

I.1.1 Engenharia de Software

Segundo Pressman (PRESSMAN, 2002), Engenharia de Software é:

- "O estabelecimento e uso de sólidos princípios de engenharia para que se possa obter economicamente um software que seja confiável e que funcione eficientemente em máquinas reais";

- "Descendente da engenharia de sistemas e de hardware. Abrange um conjunto de 3 elementos fundamentais (métodos, ferramentas e procedimentos), que possibilita, ao gerente, o controle do processo de desenvolvimento do software e oferece ao profissional uma base para a construção de software de alta qualidade".

Segundo Martin (MARTIN, 1991), Engenharia de Software é:

- "O estudo dos princípios e sua aplicação no desenvolvimento e manutenção de sistemas de software";

- "Tanto a engenharia de software como as técnicas estruturadas são coleções de metodologias de software e ferramentas";

A engenharia de software é um conjunto de práticas para desenvolvimento de soluções de software, ou seja, um roteiro que pode utilizar diversas técnicas.

A seqüência de passos preestabelecidos permite optar e variar de técnicas e ferramentas nas suas diversas fases (REZENDE, 1999).

I.1.2 Processo de Software

O conceito de processo de software se baseia no conceito generalizado de processo, que pode ser definido como uma seqüência de estados de um sistema que se transforma (SPINOLA, 1998).

O SEI (*Software Engineering Institute*), da *Carnegie Melon University* propõe o seguinte:

"Um processo é uma seqüência de passos realizados para um dado propósito. Colocado de maneira mais simples, processo é aquilo que você faz. Processo é aquilo que as pessoas fazem, usando procedimentos, métodos, ferramentas, e equipamentos, para transformar matéria prima (entradas) em produto (saída) que tenha valor para o cliente" (PAULK, 1995).

"O processo de software pode ser definido como um conjunto de atividades, métodos, práticas, e transformações que as pessoas empregam para desenvolver e manter software e os produtos associados (ex. planos de projeto, documentos de projeto (design), código, casos de teste, e manual do usuário)" (PAULK, 1995).

I.1.3 Produtos de Software

Quando entregamos a um cliente um pacote bem delimitado e identificado, podemos dizer que entregamos um produto (SPINOLA, 1998).

A definição para produto de software segundo a norma IEEE-STD-610 (IEEE, 1990) é:

"O conjunto completo, ou qualquer um dos itens individuais do conjunto de programas de computador, procedimentos, documentação associada e dados designados para liberação para um cliente ou usuário" (PAULK, 1995).

I.1.4 Objetivos da Engenharia de Software

A Engenharia de Software tem como objetivo primário o aprimoramento da qualidade dos produtos de software e o aumento da produtividade dos engenheiros de software, além do atendimento aos requisitos de eficácia e eficiência, ou seja, efetividade (MAFFEO, 1992).

A Engenharia de Software visa sistematizar a produção, a manutenção, a evolução e a recuperação de produtos de software, de modo que ocorra dentro de prazos e custos estimados, com progresso controlado e utilizando princípios, métodos, tecnologia e processos em contínuo aprimoramento. Os produtos desenvolvidos e mantidos, seguindo um processo efetivo e segundo preceitos da Engenharia de Software asseguram, por construção, qualidade satisfatória, apoiando adequadamente os seus usuários na realização de suas tarefas, operam satisfatoriamente em ambientes reais e podem evoluir continuamente, adaptando-se a um mundo em constante evolução (FIORINI, 1998).

Associado a esses objetivos, o termo engenharia pretende indicar que o desenvolvimento de software deve submeter-se a leis similares às que governam a manufatura de produtos industriais em engenharias tradicionais, pois ambos são metodológicos (MAFFEO, 1992).

Com base nos objetivos da Engenharia de Software, fica demonstrada a necessidade da adoção de um modelo sistêmico para padronizar e gerenciar os processos de desenvolvimento de software com o intuito de buscar qualidade nos processos e produtos de software.

I.1.5 Crise do Software

No estudo da Engenharia de Software, o autor Roger S. Pressman (PRESSMAN, 2002), cita a "Crise do Software" onde se apresentam números que expressam o problema com a não finalização de projetos de software.

O mesmo autor aponta que um dos principais fatores que causam a tal "Crise do Software" é a falta de adoção de métodos, ferramentas e procedimentos no desenvolvimento de software.

A expressão "Crise do Software", que começou a ser utilizada na década de 60, tem historicamente aludido a um conjunto de problemas recorrentemente enfrentados no processo de desenvolvimento (Construção, implantação e manutenção) de software (MAFFEO, 1992).

Para generalizar o termo, ocorre quando o software não satisfaz seus envolvidos, sejam clientes e/ou usuários, desenvolvedores ou empresa (REZENDE, 1999).

Apesar da enorme variedade de problemas que caracterizam a crise do software, engenheiros de software e gerentes de projetos para desenvolvimento de sistemas computacionais tendem a concentrar suas preocupações no seguinte aspecto: "A enorme imprecisão das estimativas de cronogramas e de custos de desenvolvimento" (LEE, 2002).

Muitos desses erros poderiam ser evitados se as organizações dispusessem de um processo de engenharia de software definido, controlado, medido e aprimorado. No entanto, percebe-se que para muitos profissionais de informática esses conceitos não são muito claros, o que certamente dificulta a ação dos gerentes no sentido de aprimorar os seus processos de desenvolvimento (BLASCHEK, 2003).

Existem várias técnicas, metodologias e normas de qualidade para contribuir com o desenvolvimento do software, entre elas a Gestão de Riscos, e o desenvolvedor que não às implementam tem dificuldades de realizar um projeto de software livre de manutenções e re-trabalhos, condenando diretamente a qualidade do produto.

A implementação da Engenharia de Software bem como as suas subáreas, direcionam o desenvolvedor como realizar o trabalho através de métodos sistêmicos por todo o ciclo de vida do software, permitindo que o produto desenvolvido, represente os processos reais da empresa modelada e que atenda as suas necessidades.

I.1.6 Ciclo de Vida do Software

Define-se por ciclo de vida do software, o processo que inclui desde a concepção de idéias até a descontinuidade do produto de software (ISO 12207,1997).

Durante o ciclo de vida de software são executados vários processos, sendo que cada um contribui para atingir os objetivos de um estágio do ciclo (MACHADO, 2002).

Os modelos de ciclo de vida são categorizados pela definição de uma seqüência de atividades pré-definidas, que têm como objetivo o desenvolvimento ou a manutenção de software. Alguns modelos:

- O modelo Cascata;

- Desenvolvimento evolucionário;

- Desenvolvimento formal de sistemas;

- Desenvolvimento orientado a reuso;

- Desenvolvimento Incremental;

- Desenvolvimento Espiral.

Segundo Sommerville (SOMMERVILLE, 2003) embora não exista nenhum processo de software "ideal", existem muitas oportunidades de trabalho para melhorá-lo, em muitas organizações. Os processos podem incluir técnicas desatualizadas ou podem não tirar vantagem das melhores práticas da Engenharia de Software.

A melhoria dos processos de software pode ser implementada de diferentes maneiras. Ela pode ocorrer por meio da padronização de processos, pois é a primeira etapa essencial na introdução de novos métodos e novas técnicas de engenharia de software (SOMMERVILLE, 2003).

Uma taxonomia para o ciclo de vida de software é definida pela norma ISO / IEC 12.207 - Processos de ciclo de vida de software. Essa norma tem como objetivo definir todos os processos necessários para se atingir qualidade.

I.1.7 Qualidade de Software

Atingir um alto nível de qualidade de produto ou serviço é o objetivo da maioria das organizações. Atualmente não é mais aceitável entregar produtos com baixa qualidade e reparar os problemas e as deficiências depois que os produtos foram entregues ao cliente (SOMMERVILLE, 2003).

Segundo Machado (MACHADO, 2001), para muitos engenheiros de software, a qualidade do processo de software é tão importante quanto a qualidade do produto. Assim na década de 90 houve uma grande preocupação com a modelagem e melhorias no processo de software. Abordagens importantes como as normas ISO 9000 e a ISO / IEC 12207, o modelo CMM (Capability Maturity Model) e o SPICE (Software Process Improvement and Capability dEtermination) sugerem que melhorando o processo de software, podemos melhorar a qualidade dos produtos.

A qualidade é conseqüência dos processos, das pessoas e da tecnologia. A relação entre e qualidade do produto e cada um desses fatores é complexa. Por isso, é muito mais difícil controlar o grau de qualidade do produto do que controlar os requisitos (PAULA FILHO, 2003).

Construindo o software com qualidade, cria-se a real possibilidade de extrair de um sistema, informações relevantes que venham não só para contribuir com a decisão, mas para ser um fator de excelência empresarial, permitindo novos negócios, permanência e sobrevivência num mercado atuante. Para tanto, é de suma importância identificar, analisar os riscos que ameaçam o sucesso do projeto bem como gerenciá-los para que se possa alcançar os objetivos empresariais.

Os desenvolvedores que ajustarem seus processos para a produção de software de qualidade dentro de prazos e orçamentos confiáveis, quando forem pressionados por seus concorrentes a reduzir substancialmente os prazos para a entrega de produtos, e tiverem capacidade de integrar, harmonizar, acelerar o processo de desenvolvimento de software, terão a primazia do mercado (MACHADO, 2001).

Visando à qualidade no processo de desenvolvimento de software a gestão dos riscos tem o foco de tratar as incertezas inerentes aos projetos de software, pois muitos fatores que envolvem tecnologia, pessoas e processos, se conflitam e podem determinar ou não o sucesso no desenvolvimento do produto de software.

I.1.8 Riscos e a Engenharia de Software

Risco, como ciência, nasceu no século XVI, no Renascimento. Foi numa tentativa de entender os jogos de azar que Blaise Pascal, em 1654, descobriu a "Teoria da Probabilidade" e criou o "Triângulo de Pascal", que determina a probabilidade de ocorrer possíveis saídas, dado um certo número de tentativas (BERNSTEIN, 1997).

No século XX, a gerência de risco foi difundida, estudada e utilizada principalmente nas áreas de saúde, finanças, seguro de vida etc. Para essas empresas, a gerência de risco não é coisa ruim, ao contrário, a gerência de riscos é o negócio. Todos os projetos nessas áreas tratam riscos, pois os lucros dependem de oportunidades atrativas, balanceadas por riscos bem calculados.

O risco na área de software foi representado de forma sistemática por Barry Boehm, nos anos 80, através do modelo em Espiral (BOEHM, 1988), que tem como princípio ser iterativo e dirigido a riscos, pois cada iteração é feita uma análise de risco.

Cada iteração do espiral é dividida em quatro setores:

- Definição de objetivos;
- Avaliação e redução de riscos;
- Desenvolvimento e validação;
- Planejamento.

Com foco no trabalho, e com o objetivo de viabilizar e complementar a utilização de um modelo de ciclo de vida, adotamos o modelo espiral devido a sua relação direta com a análise de riscos.

A importante distinção entre o modelo em espiral e outros modelos de processo de software é a explicita consideração dos riscos (SOMMERVILLE, 2003).

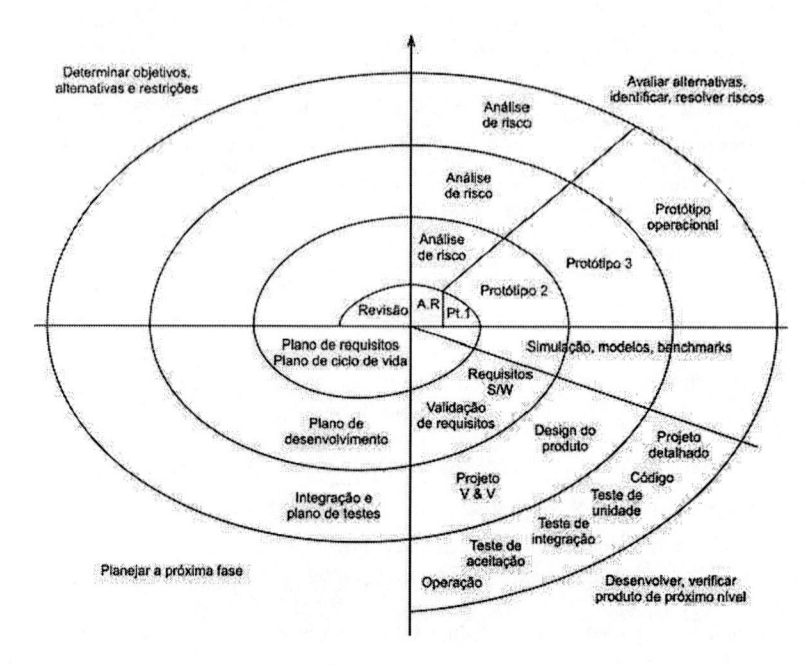

Figura 1.1 – Modelo Espiral de Boehm (BOEHM,1988).

Os riscos, em software, não podem ser meros tópicos da agenda. Devem ser o "coração" do negócio, como ocorre em outras áreas (CHADBOURNE, 1999).

Atualmente, a área que trata de riscos na engenharia de software evoluiu, passando de uma análise dentro do modelo de desenvolvimento, como era a proposta do modelo em espiral, para se tornar uma gerência que deve permear todos os processos do ciclo de vida do software.

A gerência de risco é entendida como um procedimento geral para a resolução de riscos, ou seja, quando for aplicada em alguma instância, as possíveis conseqüências são todas aceitáveis, podendo haver convivência com o pior resultado esperado. O risco é apresentado de alguma forma e em algum grau na maioria das atividades humanas e é caracterizado por ser parcialmente conhecido, mudar com o tempo e ser gerenciável no sentido que uma ação humana pode ser aplicada para mudar a sua forma e o grau do seu efeito. O processo de gerência de risco inicia com incertezas, preocupações, dúvidas e desconhecimentos que se transformam em riscos aceitáveis.

O gerenciamento de riscos é um processo de software, definido e sistemático com o objetivo de tratar os fatores de risco com a finalidade de minimizar seus efeitos, produzindo um produto de software com qualidade, que atenda as necessidades do cliente, dentro do prazo e custos estimados.

I.2 Motivação do Trabalho

Segundo o *Standish Group* (STANDISH, 1995), através de um estudo chamado *"Chaos Report"*, para projetos na área de Tecnologia da informação, obteve as seguintes conclusões:

- 16,2% dos projetos terminam no prazo e no orçamento previsto.

- 52,7% dos projetos são contestados.

- 31,1% são cancelados antes de sua colocação no mercado.

Quanto a custo e prazo foram levantados:

- Excedente de custo médio é de 189% do custo original estimado.

- Excedente de prazo médio é de 222% no cronograma original estimado.

Outros dados levantados:

- 94% dos projetos têm pelo menos um reinício.

- 9% dos projetos em empresas de grande porte entram em operação dentro dos custos e prazos estimados inicialmente.

- Nos projetos de empresas de grande porte somente 42% dos requisitos originalmente propostos estão presentes no final.

- Nos projetos de empresas de pequeno porte 74,2% dos requisitos originalmente propostos estão presentes no final.

O *Standish Group*, ainda identificou que nos Estados Unidos em 1995 foram investidos US$ 81 bilhões em projetos de software que foram cancelados antes mesmo de entrar em operação e US$ 59 bilhões em projetos que excederam seu cronograma inicialmente estimado.

Num mundo cada vez mais de recursos financeiros escassos, como é possível aceitar tal desperdício de tempo e dinheiro. Números desse porte podem comprometer seriamente a faceta competitiva de uma organização, bem como ocasionar até a sua saída do mercado.

Um grande volume de dados publicados aponta para os riscos que ocorrem nos projetos de software executados sem a utilização de processos adequados (PAULA FILHO, 2003). Um levantamento publicado de uma base de dados de 4.000 projetos, constatou a ocorrência freqüente dos seguintes problemas:

- 70% dos projetos de grandes aplicativos sofrem instabilidade dos requisitos. Os requisitos crescem tipicamente cerca de 1% ao mês, atingindo níveis de mais de 25% de inchaço ao final do projeto.

- Pelo menos 50% dos projetos são executados com níveis de produtividade abaixo do normal.

- Pelo menos 25% dos softwares de prateleira e 50% dos produtos feitos por encomenda apresentam níveis de defeitos superiores ao razoável.

- Produtos feitos sob pressão de prazos podem quadruplicar o número de defeitos.

- Pelo menos 50% dos grandes projetos de software excederam seu orçamento e seu prazo.

- 2/3 dos projetos de software muito grandes são cancelados antes do final.

- Os usuários não ficam satisfeitos com 25% dos produtos comerciais para computadores pessoais, 30% dos produtos comerciais para computadores de grande porte e 40% dos produtos feitos por encomenda.

- Tipicamente, 50% do patrimônio de software das empresas não são usados.

- Atritos entre a área de tecnologia da informação e a alta gerência ocorrem em mais de 30% das organizações.

- Atritos com clientes ocorrem, no desenvolvimento de aplicativos, em 50% dos contratos por administração e 65% dos contratos por empreitada.

Apesar da "Crise do Software" não ser um problema novo, até hoje enfrentamos seus efeitos. A baixa utilização de metodologias e modelos de qualidade no Brasil denota esta realidade que tem que ser modificada. Serão apresentados no Capítulo 3 os níveis de utilização e adoção das normas e modelos segundo o levantamento do Ministério da Ciência e Tecnologia em 2002.

I.3 JUSTIFICATIVA

Segundo o Ministério da Ciência e Tecnologia (MCT, 2002), apenas 11,8 % das empresas no Brasil adotam a gestão de riscos em projetos de software. Devido à relevância do tema e seu impacto direto no sucesso do desenvolvimento de software, o número apresentado pelo ministério é alarmante, pois a amostra utilizada pela pesquisa, apresenta desde as principais empresas produtoras de software do país até as pequenas e médias empresas. O fato preocupante é que as pequenas e médias empresas, que detêm 65,1% do mercado de software no Brasil (MCT,2002) não possuindo a cultura de gestão de riscos, além da possibilidade de fracassar nos atuais projetos, comprometem o futuro ainda promissor que a área tem que explorar tanto no mercado interno bem como no mercado externo.

I.4 OBJETIVOS

O trabalho tem como objetivo geral, disponibilizar um instrumento para auxiliar a gestão de riscos em projetos de software.

Os objetivos específicos são:

* Identificar os fatores de risco que influenciam os projetos de software;
* Analisar e validar os fatores de risco;
* Construir um instrumento denominado *Framework* de Riscos.

I.5 METODOLOGIA DA PESQUISA

Neste trabalho, optou-se pela pesquisa exploratória, descritiva ou explicativa, por se enquadrar aos objetivos a serem alcançados.

Segundo Machado (MACHADO, 2002) a pesquisa exploratória tem como objetivo promover uma primeira aproximação com o tema, proporcionando ao pesquisador a visibilidade da importância do problema, o estágio de resolução e as informações disponíveis. O pesquisador parte de uma hipótese e aprofunda seus estudos e limites de uma realidade específica para, em seguida, planejar uma pesquisa descritiva ou do tipo experimental. Normalmente, a forma de condução desse tipo de pesquisa é através de levantamento bibliográfico, entrevistas com profissionais que estudam e/ou atuam na área, visitas etc.

A pesquisa descritiva tem como objetivo descrever um fato ou fenômeno evidenciando as características conhecidas, ou seja, os componentes do fato / fenômeno / problema. Estes estudos consideram de fundamental importância a exatidão de uma nova prova obtida. Normalmente, a forma de condução desse tipo de pesquisa é através de levantamentos ou observações sistemáticas do fato / fenômeno / problema escolhido. O foco dos estudos descritivos reside no desejo de conhecer traços característicos, seus problemas, seu mercado etc. Esses estudos exigem do pesquisador uma série de informações sobre o que se deseja pesquisar, pois o objetivo é descrever com exatidão os fatores e fenômenos de determinada realidade. Além da coleta, ordenação e classificação dos dados, podem ser estabelecidas relações entre as variáveis, caracterizando um estudo descritivo e correlacional.

A pesquisa explicativa ou explanatória tem como objetivo a criação de uma teoria aceitável a respeito de um fato ou fenômeno, preocupando-se com os porquês, como por exemplo a identificação dos fatores que contribuem ou determinam a ocorrência, ou a maneira como ocorrem os fatos ou fenômenos. Como exemplo desse tipo de pesquisa são os experimentos realizados em laboratório ou em um software.

É de suma importância ressaltar que nesta pesquisa foram usados vários métodos. Será descrito a seguir como foi todo o processo.

A abordagem adotada para este trabalho foi realizar uma pesquisa bibliográfica para conhecer o "estado da arte" em engenharia de software, gerenciamento de projetos e finalmente o gerenciamento dos riscos.

Durante a análise da bibliografia, foram identificados os riscos inerentes aos projetos de software, com foco nos riscos universais, ou seja comuns na maioria dos projetos.

O passo seguinte foi elaborar um instrumento de pesquisa para ser aplicado aos gerentes de projetos, desenvolvedores e demais envolvidos em atividades de desenvolvimento de software, com o intuito de descobrir qual a percepção perante os fatores de risco apresentados. Com o objetivo de facilitar a interação do pesquisador com o pesquisado, foi desenvolvido um sistema para internet, disponibilizando um questionário digital, obtendo agilidade e produtividade no levantamento das informações que o acesso à internet proporciona, foi realizada a coleta de dados e a divulgação da sua existência feita por grupos de desenvolvimento de software, empresas produtoras e meio acadêmico.

Após a coleta, foi realizada a extração dos dados com a finalidade de analisá-los. No entanto foi necessário a elaboração de tabelas e um software para que além do tratamento adequado dos dados, fossem submetidos ao para-analisador (que possui um algoritmo baseado na lógica paraconsistente) com objetivo de analisar e validar os fatores de risco. Tratando-se da formação de uma base de dados heterogenia, devido à pesquisa tratar de opiniões de profissionais de funções diferentes, regras baseadas nos princípios do conhecimento amálgama foram criadas, permitindo que as validações dos mesmos fossem feitas de várias formas.

Após a análise dos dados feita pelo para-analisador, foi possível validar os riscos, estabelecer pesos aos fatores e assim construir uma lista de riscos priorizados.

Para facilitar a aplicabilidade dessa lista de riscos, construiu-se um outro software para avaliação dos riscos em projetos de software. Ele utiliza os fatores de risco e seus pesos para a multiplicação ao fator impacto atribuído pelo usuário no ato da avaliação, tem-se então o grau e o nível de exposição ao risco daquele fator no projeto. Assim completou-se a construção do *Framework* de riscos com a identificação, análise e avaliação dos riscos, que será proposto por este trabalho.

A seguir, resumo das metodologias utilizadas no trabalho:

Metodologia Base:

- Pesquisa exploratória, descritiva ou explicativa.

Métodos fundamentais:

- Pesquisa bibliográfica: estudo do "Estado da Arte" do tema e identificação dos riscos;

- Levantamento ou pesquisa (*Survey*): percepção aos riscos;

- Lógica paraconsistente: modelo matemático utilizado para validação e análise dos riscos, com a construção de regras baseadas no conhecimento amálgama.

- Experimental: utilizado na análise quantitativa dos dados, para a validação e análise dos riscos e aplicabilidade do *Framework* apoiado pelos softwares construídos para a pesquisa.

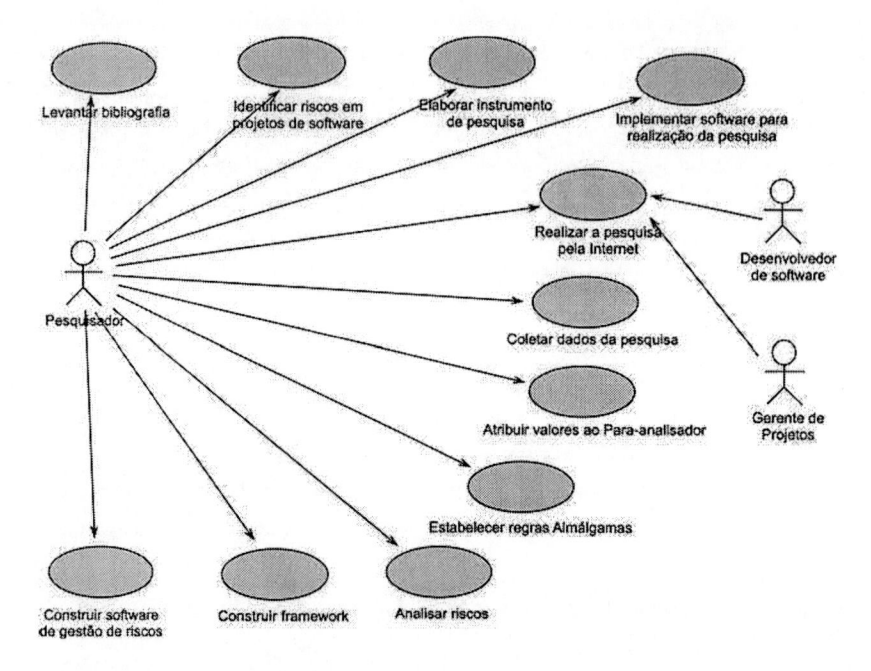

Figura 1.2 – Representação Gráfica da realização da pesquisa.

I.6 ESTRUTURA DO TRABALHO

O trabalho será dividido em oito capítulos:

O Capítulo Um apresenta uma breve descrição do problema, intitulado "Crise do Software" e suas conseqüências no processo do desenvolvimento de software e outros conceitos básicos.

O Capítulo Dois aborda as atividades de gerenciamento de projetos.

O Capítulo Três trata a gestão de projetos de software, bem como suas áreas fundamentais.

O Capítulo Quatro demonstra a importância da gestão de riscos no processo de desenvolvimento de software e destaca a estimativa de riscos.

O Capítulo Cinco expressa como e por quem a Lógica Paraconsistente foi criada, sua possibilidade de utilização em vários fatores de análises e toda a sua forma estrutural.

O Capítulo Seis traz o *Framework* de riscos, construído para apoiar a gestão riscos.

O Capítulo Sete apresenta um dos softwares desenvolvidos como uma ferramenta para avaliação dos riscos com foco no cálculo de exposição e nível dos Riscos.

No Capítulo Oito conclui-se com a importância do Framework de Riscos nos projetos de software, fatores analisados pela Lógica Paraconsistente, com o objetivo de validar os riscos nos projetos, servindo como ferramenta de apoio de minimização das chances de fracassos que os projetos estão submetidos. Ainda concluirá com a contribuição e possíveis trabalhos futuros a serem realizados, a partir desta pesquisa.

I.7 Considerações Finais

Embora a Engenharia de Software possua várias áreas de conhecimento como a Gestão de Riscos, os projetos continuam tendo insucessos. Estes insucessos derivam de falhas nos processos de desenvolvimento. Com a construção do *Framework* de riscos, espera-se que através de análises realizadas pelos gerentes de projetos e desenvolvedores, apoiadas pelo instrumento fornecido por este trabalho, possam gerenciar melhor as ocorrências dos riscos, bem como diminuir a "Crise do Software".

CAPÍTULO 1

Gerenciamento
de Projetos

Neste capítulo serão abordados os conceitos de Gerência de Projetos suas áreas essenciais e finalidades.

1.1 CONSIDERAÇÕES INICIAIS

Segundo o PMBOK (PMBOK, 2000) projeto é:

"Um projeto é um empreendimento temporário com o objetivo de criar um produto ou serviço único".

O Gerenciamento de Projetos (PMBOK, 2000) é a aplicação de conhecimentos, habilidades e técnicas para projetar atividades que visem atingir ou exceder as necessidades e expectativas das partes envolvidas, com relação ao projeto.

O ato de atingir ou exceder as necessidades e expectativas das partes envolvidas envolve invariavelmente o equilíbrio entre demandas concorrentes:

- Escopo, prazo, custo e qualidade.

Os processos de gerência de projetos (PMBOK, 2000) podem ser organizados em:

- Processos de iniciação – reconhecer que um projeto ou fase deve começar e se comprometer para executá-lo.

- Processos de planejamento – planejar e manter um esquema de trabalho viável para se atingir aqueles objetivos de negócios que determinaram a existência do projeto.

- Processos de execução – coordenar pessoas e outros recursos para realizar o plano.

- Processos de controle – assegurar que os objetivos do projeto estão sendo atingidos, através da monitoração e da avaliação do seu progresso, tomando ações corretivas quando necessárias.

- Processos de encerramento – formalizar a aceitação do projeto ou fase e encerrá-lo de uma forma organizada.

Segundo o PMBOK, (PMBOK, 2000) para obter sucesso, um projeto deve ter nove áreas de gerenciamento atuantes. São elas:

- Gerência de Integração;

- Gerência de Escopo;

- Gerência de Tempo;

- Gerência de Custos;

- Gerência de Qualidade;

- Gerência de Recursos Humanos;

- Gerência de Comunicações;

- Gerência de Aquisições;

- Gerência de Riscos.

Consideradas como essenciais dentro do gerenciamento de projetos, além da gerência de riscos, foco do trabalho, as demais áreas serão citadas juntamente com suas definições, pois esses conhecimentos foram utilizados no processo de identificação dos riscos em projetos de software.

1.2 Gerência de Integração

A Gerência de Integração do projeto inclui os processos requeridos para assegurar que os diversos elementos do projeto estão adequadamente coordenados. Ela envolve fazer compensações entre objetivos e alternativas eventualmente concorrentes, a fim de atingir ou superar as necessidades e expectativas (PMBOK, 2000).

1.3 GERÊNCIA DE ESCOPO

A Gerência de Escopo do projeto inclui os processos requeridos para assegurar que o projeto inclua todo o trabalho necessário, e tão somente o trabalho necessário, para complementar de forma bem sucedida o projeto de Iniciação (PMBOK, 2000).

1.4 GERÊNCIA DE TEMPO

A Gerência de Tempo do projeto inclui os processos necessários para assegurar que o projeto será implementado no prazo previsto (PMBOK, 2000).

1.5 GERÊNCIA DE CUSTO

A Gerência de Custo do projeto inclui os processos necessários para assegurar que o projeto será concluído dentro do orçamento aprovado (PMBOK, 2000).

1.6 GERÊNCIA DE QUALIDADE

A Gerência de Qualidade do projeto inclui os processos requeridos para garantir que o projeto irá satisfazer as necessidades para as quais ele foi empreendido (PMBOK, 2000).

1.7 GERÊNCIA DE RECURSOS HUMANOS

A Gerência de Recursos Humanos do projeto inclui os processos requeridos para possibilitar o uso mais efetivo das pessoas envolvidas com o projeto. Isto inclui todos os interessados do projeto – patrocinadores, clientes, contribuintes individuais e outros (PMBOK, 2000).

1.8 GERÊNCIA DE COMUNICAÇÕES

A Gerência de Comunicações do projeto inclui os processos requeridos para garantir a geração apropriada e oportuna, a coleta, a distribuição, o armazenamento e o controle básico das informações do projeto. Fornece ligações críticas entre pessoas, idéias e informações que são necessárias para o sucesso (PMBOK, 2000).

1.9 GERÊNCIA DE AQUISIÇÕES

A Gerência de Aquisições do projeto inclui os processos necessários para a obtenção de bens e serviços externos à organização executora. Para simplificação, os bens e serviços, sejam um ou vários, serão geralmente referidos como um "produto" (PMBOK, 2000).

1.10 GERÊNCIA DE RISCOS

A Gerência de Riscos do projeto inclui os processos envolvidos na identificação, análise e resposta aos riscos do projeto. Isto inclui a maximização dos resultados de eventos positivos e minimização das conseqüências de eventos negativos (PMBOK, 2000).

A gerência de riscos possui os seguintes grupos de processos:

- Planejar a Gerência de Riscos: determinar qual a abordagem e planejar as atividades de gerência de riscos que serão executadas para o projeto;

- Identificar os Riscos: determinar quais riscos podem afetar o projeto e documentar as suas características;

- Analisar os Riscos Qualitativamente: executar uma análise qualitativa dos riscos e das condições para priorizar seus efeitos nos objetivos do projeto;

- Analisar os Riscos Quantitativamente: medir a probabilidade de ocorrência, as conseqüências dos riscos e estimar as suas implicações nos objetivos do projeto;

- Planejar as respostas aos Riscos: desenvolver procedimentos e técnicas para avaliar oportunidades e reduzir as ameaças aos objetivos do projeto;

- Controlar e Monitorar os Riscos: monitorar os riscos residuais, identificar novos riscos, executar planos de redução de riscos e avaliar seus efeitos através do ciclo de vida do projeto.

1.11 CONSIDERAÇÕES FINAIS

Neste capítulo, foram apresentadas as áreas da gerência de projetos citadas no PMBOK (PMBOK, 2000), o que permite também sistematizar o trabalho de gestão de processos de desenvolvimento de software. Possui explicitamente a atenção aos riscos. A sua adoção bem como a sua implementação requerem adequação cultural da empresa, bem como o foco nos processos. Sua base de conhecimento é proveniente dos históricos de projetos de sucesso em várias áreas de atuação, inclusive a de desenvolvimento de software, e das melhores práticas de gestão. Segundo Nogueira (NOGUEIRA, 2004), a implementação das práticas de gestão de projetos são consideradas fatores críticos de sucesso no desenvolvimento de software, devida a sua importância e da sistematização do trabalho a ser realizado.

CAPÍTULO 2

Gestão de
Projetos de Software

Neste capítulo, serão apresentadas características específicas dos projetos de software, apontando suas particularidades e importâncias. Suas áreas fundamentais, que são determinantes no sucesso do projeto de software.

2.1 CONSIDERAÇÕES INICIAIS

O fracasso de grandes projetos de software, na década de 60 e no início da década de 70, foi a primeira indicação das dificuldades de gerenciamento dos projetos de software.

O software era entregue com atraso, não era confiável, custava várias vezes mais do que previam as estimativas originais e, muitas vezes, exibia características precárias de desempenho (BROOKS, 1975).

Esses projetos não fracassaram porque os gerentes ou programadores eram incompetentes. Ao contrário, esses projetos grandes e desafiadores atraíam pessoas de capacitação acima da média. A falha residia na abordagem de gerenciamento utilizada. Técnicas de gerenciamento que eram aplicadas, mostravam-se ineficazes para o desenvolvimento de software (SOMMERVILLE, 2003).

Os grandes projetos de software são freqüentemente projetos únicos, ou seja, são normalmente diferentes de projetos anteriores. Neste caso, não possuindo históricos anteriores para prever os problemas, se faz necessário apoiar-se em estruturas ou *Framework*.

A necessidade de gerenciamento é uma importante distinção entre o desenvolvimento profissional de software e a programação em nível amador.

O produto de software tem algumas particularidades:

- O produto é intangível: não pode ser visto ou tocado;

- Não há processo de software-padrão: um processo de software é experimentado e testado. Não há garantias que irá atender qualquer tipo de projeto ou o próximo projeto;

2.2 Áreas Fundamentais para o Gerenciamento de Projetos de Software

No gerenciamento de projetos de software, também há áreas críticas, ou seja, fundamentais para alcançar os objetivos no desenvolvimento de software. Consideradas como Fatores Críticos de Sucesso no projeto de software (NOGUEIRA, 2003), as principais são:

- Engenharia de Requisitos de Software;

- Normas e Modelos de Qualidade;

- Gerência de Configuração de Software;

- Metodologias de Desenvolvimento de Software;

- Engenharia de Riscos de Software.

2.2.1 Engenharia de Requisitos de Software

Os problemas que os engenheiros de software têm para solucionar são, muitas vezes, imensamente complexos. Compreender a natureza dos problemas pode ser muito difícil, especialmente se o sistema for novo. Conseqüentemente, é difícil estabelecer com exatidão o que o sistema deve fazer. As descrições das funções e das restrições são os requisitos para o sistema (SOMMERVILLE, 2003).

Considerado por Brooks (BROOKS, 1987) como problema essencial:

"A parte mais difícil do desenvolvimento de software é decidir precisamente o que será desenvolvido. Nenhuma outra parte do trabalho é tão difícil quanto estabelecer (definir) os detalhes técnicos necessários incluindo todas as interfaces para pessoas, máquinas e para outros sistemas de software. Nenhuma outra parte do trabalho é tão possível de ocasionar erros no sistema como essa. Nenhuma outra parte é tão difícil de ser posteriormente consertada".

2.2.1.1 Requisitos

Os Requisitos podem ser definidos como as necessidades básicas do cliente, geralmente explicitadas como condição de negócio no contrato com o fornecedor. São características, tais como especificações técnicas, prazo de entrega, garantia, que o cliente "requer" do produto (MCT, 2002).

"Uma condição ou capacidade necessitada por um usuário, para resolver um problema ou alcançar um objetivo" (IEEE, 1990).

Segundo Tonsig, os requisitos compõem o conjunto de necessidades estabelecido pelo cliente / usuário do sistema que definem a estrutura e comportamento do software que será desenvolvido (TONSIG, 2003).

Segundo Paula Filho, o fluxo de requisitos reúne as atividades que visam obter o enunciado completo, claro e preciso dos requisitos de um produto de software. Esses requisitos devem ser levantados pela equipe do projeto, em conjunto com representantes do cliente, usuários chaves e outros especialistas da área de aplicação (PAULA FILHO, 2003).

Os requisitos de sistema de software são, freqüentemente, classificados como funcionais ou não funcionais ou como requisitos de domínio (SOMMERVILLE, 2003):

- Requisitos Funcionais: são declarações de funções que o sistema deve fornecer, como o sistema deve reagir a entradas específicas e como deve se comportar em determinadas situações. Em alguns casos, os requisitos funcionais podem também explicitamente declarar o que o sistema não deve fazer.

- Requisitos Não Funcionais: são restrições sobre os serviços ou as funções oferecidas pelo sistema. Entre eles destacam-se restrições de tempo, restrições sobre o processo de desenvolvimento, padrões, entre outros.

"O processo de descobrir, analisar, documentar, e verificar as funções e restrições do sistema é chamado de engenharia de requisitos" (SOMMERVILLE, 2003).

A engenharia de requisitos é um braço da engenharia de software, e tem por objetivo tratar o processo de definição dos requisitos de software. Para isso, estabelece um processo pelo qual o que deve ser feito é elicitado, modelado e analisado. Esse processo deve lidar com diferentes pontos de vista e usar uma combinação de métodos, ferramentas e pessoal. O produto desse processo é um modelo, do qual um documento chamado 'requisitos' é produzido. Esse processo é perene e acontece em um contexto previamente definido e que chamamos de 'Universo de informações' (LEITE, 2001).

"O conjunto de técnicas empregadas para levantar, detalhar, documentar e validar os requisitos de um produto, formam a engenharia de requisitos" (PAULA FILHO, 2003).

A engenharia de requisitos fornece um mecanismo adequado para entender o que o cliente deseja, analisar as necessidades, avaliar a exeqüibilidade, negociar uma solução razoável, especificar a solução de maneira não-ambígua, validar a especificação e administrar os requisitos à medida que eles são transformados num sistema em operação. O processo de engenharia de requisitos pode ser descrito em cinco passos distintos (PRESSMAN, 2002):

- Elicitação de requisitos
- Análise e negociação de requisitos
- Especificação de requisitos
- Modelagem do sistema
- Validação de requisitos
- Gestão de requisitos

Segundo Nogueira (NOGUEIRA, 2004), a implementação da engenharia de requisitos é um dos fatores críticos de sucesso dos projetos de software devido a sua importância destacada e principalmente na confiabilidade que ela traz ao produto de software desenvolvido. Com a sua implementação as chances do software atender às necessidades dos clientes são maiores.

2.2.2 Normas e Modelos de Qualidade

Existem inúmeras normas e modelos de qualidade de software. Porém existem quatro principais: CMMI, SPICE, ISO 9000-3 e ISO 12.207.

2.2.2.1 CMMI

O CMMI – (Capability Maturity Model Integrated) foi desenvolvido pelo SEI (Software Engineering Institute), ligado a CMU (Carnegie Mellon University), em Pittsburgh, nos Estados Unidos. O desenvolvimento desse modelo foi financiado pelo DoD, o departamento de defesa americano, com o objetivo de se estabelecer um padrão de qualidade para software desenvolvido para as forças armadas (PESSOA; SPINOLA, 2001).

O CMMI foi concebido para o desenvolvimento de grandes projetos militares e, para a sua aplicação em projetos menores e em outras áreas, é necessário um trabalho cuidadoso de interpretação e adequação à realidade da organização (FIORINI, 1998).

No modelo CMMI foram estabelecidos níveis referentes à maturidade que a organização possui para desenvolver software: inicial (1), gerenciado (2), definido (3), gerenciado quantitativamente (4) e otimizado (5) (CMMI, 2002).

Cada nível de maturidade está dividido em áreas-chave de processo chamadas de PA (Process Area), que estabelecem grandes temas a serem abordados, somando 18 áreas-chave.

O CMMI, antigo CMM, é um modelo reconhecido mundialmente e a empresa que possui a sua certificação se diferencia em relação ao mercado concorrente. No entanto aqui no Brasil, a sua utilização ainda é bem abaixo do esperado. O Ministério da Ciência e Tecnologia apresentou em seu anuário sobre qualidade de software indicadores que mostram e justificam a "Crise do Software" no Brasil, pois apenas 3,9% das empresas de software, conhece e usa sistematicamente o modelo (MCT, 2002).

Tabela 1 - Conhecimento do Modelo CMM (MCT, 2002).

Conhecimento do modelo CMM - Capability Maturity Model					
Categorias	Total	Micro	Pequena	Média	Grande
Conhece e usa sistematicamente	3,9	0,7	2,9	2,5	11,4
Conhece e começa a usar	17,1	3,4	20,4	30,0	29,5
Conhece, mas não usa	53,7	62,2	48,9	47,5	48,9
Não conhece	25,3	33,8	27,7	20,0	10,2

A gerência de risco está precisamente inserida no modelo CMMI. Pode iniciar já no nível 2, dentro da área de planejamento de projeto, monitoramento e controle de projeto, com a simples identificação dos riscos, tendo como objetivo o seu conhecimento e tratamento quando ocorrerem.

A área-chave de gerência de riscos no CMMI é uma evolução das práticas de planejamento sistemático, antecipação e minimização de riscos para a redução próativa de seus impactos no projeto (MACHADO, 2002).

2.2.2.2 SPICE

A ISO/IEC 15504, SPICE (*Software Process Improvement and Capability dEtermination*), presta-se à realização de avaliações de processos de software com dois objetivos: a melhoria dos processos e a determinação da capacidade de processos de uma organização (SALVIANO, 2001).

A norma ISO 15504 foi baseada nos principais modelos existentes como CMMI, tendo entre objetivos básicos realizar uma harmonização destes diversos modelos existentes e prover um *Framework* para estes modelos e outros que possam ser criados (SALVIANO, 2001).

Este modelo de referência descreve um conjunto de processos e boas práticas da Engenharia de Software considerados universais e fundamentais. Quarenta processos e componentes de processos são descritos e organizados em cinco categorias de processo: Cliente-fornecedor, Engenharia, Suporte, Gerência e Organização. Estes processos são um superconjunto dos processos definidos na ISO / IEC 12207.

O antigo modelo SPICE que, em 2003, transformou-se definitivamente em norma ISO também foi pesquisado pelo Ministério da Ciência e Tecnologia e apresentou os piores números entre os modelos e normas mais conhecidos e utilizados. Somente 1% das empresas conhecem e usam sistematicamente este modelo / norma.

Tabela 2 - Conhecimento do Projeto SPICE (MCT, 2002).

Conhecimento do projeto SPICE - Software Process Improvement and Capability dEtermination (Technical Report ISO/IEC TR 15504)					
Categorias	Total	Micro	Pequena	Média	Grande
Conhece e usa sistematicamente	1,0	2,0	-	-	1,1
Conhece e começa a usar	3,2	1,4	3,0	5,1	5,7
Conhece, mas não usa	56,7	49,0	50,4	59,0	77,3
Não conhece	39,1	47,6	46,6	35,9	15,9

As atividades e melhores práticas que compõem a gerência de risco, de acordo com a norma ISO 15.504, são as seguintes (MACHADO, 2002):

- Estabelecer o escopo da gerência de risco: determinar o escopo da gerência de risco que será utilizada pelo projeto, de acordo com as políticas de gerência de risco organizacionais;

- Identificar Riscos: identificar riscos para o projeto, no início e durante a sua execução;

- Analisar e priorizar riscos: avaliar a probabilidade de ocorrência, o impacto, o tempo de ocorrência, a causa e as relações entre os riscos para determinar a prioridade de aplicação dos recursos para a redução desses riscos;

- Definir a estratégia para a gerência de risco: definir uma estratégia apropriada para gerenciar um risco ou um conjunto de riscos em nível de projeto e em nível organizacional;

- Definir métricas para riscos: para cada risco, definir as métricas para aferição da mudança na situação do risco e do progresso das atividades de redução;

- Implementar a estratégia da gerência de risco: executar a estratégia definida para a gerência de risco, tanto em nível de projeto quanto em nível organizacional;

- Avaliar os resultados da estratégia da gerência de risco: em pontos de controle pré-determinados, aplicar as métricas definidas para avaliar o progresso esperado e o nível de sucesso da estratégia da gerência de risco;

- Executar ações corretivas: quando o progresso esperado na redução do risco não é alcançado, executar ações corretivas para corrigir ou evitar o impacto do risco.

2.2.2.3 ISO 9000-3

A família ISO 9000 é composta de uma série de normas, e reconhece que existem quatro categorias genéricas diferentes de produtos e publicou diretrizes para implementação de sistemas da qualidade para cada uma destas categorias: Hardware: ISO 9004-1; Serviços: ISO 9004-2; Materiais Processados: ISO 9004-3; e Software: ISO 9000-3 (WEBER, 2001).

Devido às dificuldades específicas de interpretação de como implantar os requisitos da ISO 9001 ou 9002 em software, é fundamental o uso da ISO 9000-3 para auxiliar a implantação do sistema de gestão da qualidade. Esta dificuldade está relacionada com a terminologia usada na ISO 9001, muito voltada para hardware; usando a ISO 9000-3, esta barreira é eliminada (WEBER, 2001).

As normas da série ISO 9000 foram expandidas com a edição das normas internacionais de série 10.000, que as complementam e fornecem diretrizes para planos de qualidade, auditorias internas, qualificação de auditores e manuais de qualidade (ISO 9000, 2000).

A norma ISO 9000-3 não trata do gerenciamento dos riscos especificamente. Sua especificação aparece de forma implícita.

A norma ISO 9000-3 também foi pesquisada pelo Ministério da Ciência e Tecnologia, sobre o conhecimento e sua utilização. Entre os demais modelos e normas de qualidade, apresenta o maior índice de conhecimento e utilização: 19,4% das empresas a conhecem e a utilizam sistematicamente (MCT, 2002).

Tabela 3 - Conhecimento da Norma ISO 9000 (MCT, 2002).

Conhecimento das Normas ISO 9000 - Gestão da Qualidade					
Categorias	Total	Micro	Pequena	Média	Grande
Conhece e usa sistematicamente	19,4	3,4	16,3	34,1	44,0
Conhece e começa a usar	14,8	14,1	18,5	12,2	12,1
Conhece, mas não usa	52,4	62,4	50,4	43,9	41,8
Não conhece	13,4	20,1	14,8	9,8	2,2

2.2.2.4 ISO 12207

Segundo Machado (MACHADO, 2001), a globalização da economia vem influenciando as empresas produtoras e prestadoras de serviços de software a alcançar o patamar de qualidade e produtividade internacional para enfrentarem a competitividade cada vez maior. A norma internacional NBR ISO/IEC 12207 – Tecnologia da Informação – Processos de Ciclo de Vida de Software é usada como referência em muitos países, inclusive no Brasil, para alcançar esse diferencial competitivo.

Ela tem por objetivo auxiliar os envolvidos na produção de software a definir seus papéis, por meio de processos bem definidos, e assim proporcionar às organizações que a utilizam um melhor entendimento das atividades a serem executadas nas operações que envolvem o desenvolvimento do software.

A norma ISO 12.207 também esteve presente na pesquisa do Ministério da Ciência e Tecnologia, e também apresentou um índice muito baixo diante da importância da sua adoção pelas empresas de desenvolvimento do software. Somente 3,9% das empresas em média conhecem e usam sistematicamente a norma.

Tabela 4 - Conhecimento da Norma ISO/IEC 12207 (MCT, 2002).

Conhecimento da Norma NBR ISO/IEC 12207 - Processos de Ciclo de Vida de Software -					
Categorias	Total	Micro	Pequena	Média	Grande
Conhece e usa sistematicamente	3,9	1,4	3,8	2,6	9,1
Conhece e começa a usar	8,3	6,1	6,8	7,7	14,8
Conhece, mas não usa	55,1	48,6	51,1	64,1	67,0
Não conhece	32,7	43,9	38,3	25,6	9,1

Quanto aos riscos a ISO 12.207, está sendo alterada formalmente e assumirá as mesmas especificações da ISO 15.504.

Segundo Nogueira (NOGUEIRA, 2003) a adoção de normas e modelos de qualidade, faz parte dos fatores críticos de sucesso nos projetos de software.

2.2.3 Gerência de Configuração de Software

Segundo Babich (BABICH, 1986) gerência de configuração de software é:

"A arte de coordenar o desenvolvimento de software para minimizar a confusão é chamada de gerência de configuração. A gerência de configuração é a arte de identificar, organizar e controlar modificações de software que está sendo construído por uma equipe de programação. O objetivo é maximizar a produtividade pela minimização dos erros."

Segundo Sommerville (SOMMERVILLE, 2003), o gerenciamento de configuração (*configuration management – CM*) é o desenvolvimento e aplicação de padrões e procedimentos para gerenciar um produto de sistema em desenvolvimento. É necessário gerenciar os sistemas em desenvolvimento porque, à medida que eles se desenvolvem, são criadas muitas versões diferentes de software.

Essas versões incorporam propostas de mudanças, correções de defeitos e adaptações para diferentes hardwares e sistemas operacionais. É possível que haja várias versões em desenvolvimento e em uso ao mesmo tempo. É necessário manter o controle das mudanças que foram implementadas e de como essas mudanças foram incluídas no software.

O processo de gerência de configuração é um processo de aplicação de procedimentos administrativos e técnicos, por todo o ciclo de vida de software, destinado a identificar e definir os itens de software em um sistema e estabelecer suas linhas básicas (*baselines*); controlar as modificações e liberações dos itens; registrar e apresentar a situação dos itens e dos pedidos de modificação; garantir a completeza, a consistência e a correção dos itens; e controlar o armazenamento, a manipulação e a distribuição dos itens (ISO 12207, 1997).

Segundo Pressman (PRESSMAN, 2002), a gerência de configuração de software (*software configuration management*, SCM) é uma atividade guarda-chuva que é aplicada ao longo de todo o processo de software.

Como modificações podem ocorrer em qualquer época, as atividades de SCM são desenvolvidas para identificar as modificações, controlar modificações, garantir que as modificações sejam adequadamente implementadas e relatar as modificações a outros interessados.

As mudanças descontroladas em software geralmente levam ao caos e/ou crise de software (REZENDE, 1999).

Segundo Paula Filho (PAULA FILHO, 2003), na engenharia de software, os artefatos que devem ser controlados incluem a documentação, os modelos e o próprio código (fontes e executável). Mesmo para projetos de porte muito pequeno, um mínimo de controle de versões é necessário para evitar o desperdício de trabalho.

Com o controle de versões, conservam-se versões antigas dos artefatos, que contêm material que pode vir a ser novamente aproveitado, mas evita-se que versões mais antigas venham, de forma inadvertida, tomar o lugar de versões mais novas. Esse tipo de erro é comum mesmo em projetos individuais, e essa espécie de desperdício é facilmente evitada.

Implementar a Gerência de Configuração de Software implica em adotar procedimentos que afetam todos os setores de uma organização, pois ela é um processo complexo que envolve aspectos técnicos, gerenciais e culturais. Seu sucesso depende mais de fatores culturais que de fatores técnicos e gerenciais. Seus conceitos são fáceis de serem entendidos mas difíceis de serem colocados em prática (OLIVEIRA, 2001).

A importância maior de um Plano de Gerência de Configuração é significar que, na concepção do projeto ou da organização, houve a preocupação com o controle das modificações e com a qualidade dos produtos. O fato de o plano ter sido elaborado, por si só, denota um fato positivo. O Plano de Gerência de Configuração valoriza o projeto (OLIVEIRA, 2001).

Segundo Nogueira (NOGUEIRA, 2004), implementação da gerência de configuração de software é um fator crítico de sucesso para o projeto de software. A sua utilização adequada, pode evitar muitos problemas do cotidiano do desenvolvimento de software.

2.2.4 Metodologias de Desenvolvimento de Software

Existem muitas metodologias de desenvolvimento de software. Foram adotadas como exemplo duas: O RUP e a PRÁTICA.

2.2.4.1 RUP

O RUP (*Rational Unified Process*) é um *Framework* genérico para processos de desenvolvimento de software, criado pela empresa *Rational Software Corporation*, que está fortemente centrado na arquitetura, funcionalidade e o desenvolvimento iterativo e incremental (inspirado no ciclo de vida espiral de Boehm), que aplica a UML, para o projeto e a documentação (TONSIG, 2003).

A UML é uma linguagem de modelagem visual para documentar e visualizar os artefatos que especificamos e construímos na análise e desenho de um sistema (LEE, 2002).

A modelagem visual é o uso de notações de design gráficas e textuais, semanticamente ricas, para capturar design de software.

O RUP é um processo de desenvolvimento de software e, como tal, descreve os papéis e as atividades que cada membro da equipe de projeto deve desempenhar ao longo do ciclo de desenvolvimento do software e os produtos que devem ser gerados como resultado destas atividades, os chamados artefatos (BALDUINO, 2002).

O processo de desenvolvimento utilizando o RUP se dá mediante uma série de ciclos que constituem uma versão do produto. Cada ciclo é constituído de quatro fases: concepção, elaboração, construção e transição. Em cada uma dessas fases é que se realizam as iterações abrangendo uma série de fluxos de trabalho (atividades).

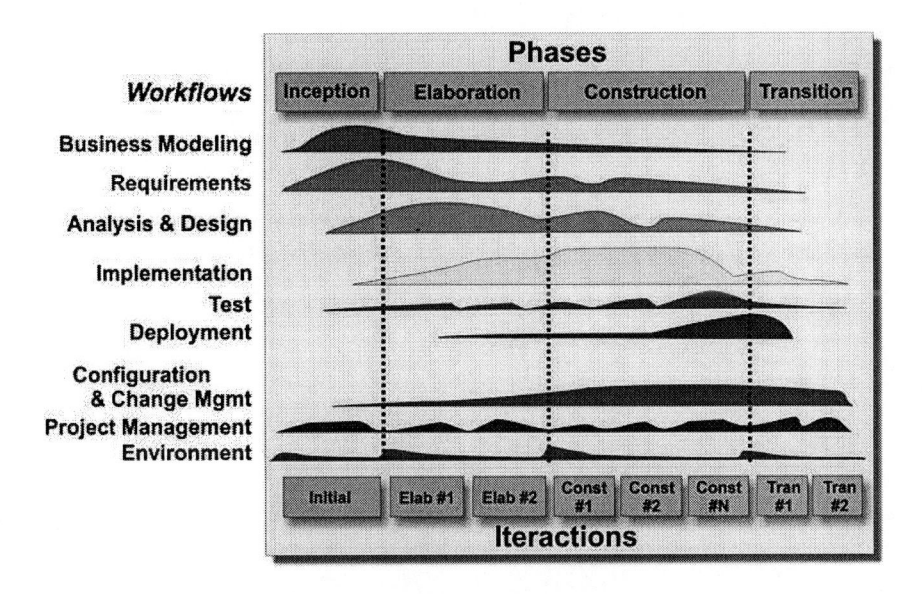

Figura 2.1 – *Processo de Desenvolvimento – RUP (IBM, 2003).*

2.2.4.2 Prática

Baseado nas melhores práticas da engenharia de software, processos alinhados às normas de qualidade de software e definidos de forma a se adaptar às características de software para internet, através desse modelo, pretende-se sistematizar o processo de desenvolvimento de sistemas de informação para internet (NOGUEIRA, 2004).

A metodologia "PRÁTICA", propõe as seguintes fases fundamentais:

- Especificação de Requisitos;
- Definição de Lay-out;
- Desenho;
- Implementação;
- Integração;
- Publicação;

E as seguintes fases de consolidação do projeto:

- Verificação e Validação;
- Testes e Aceitação.

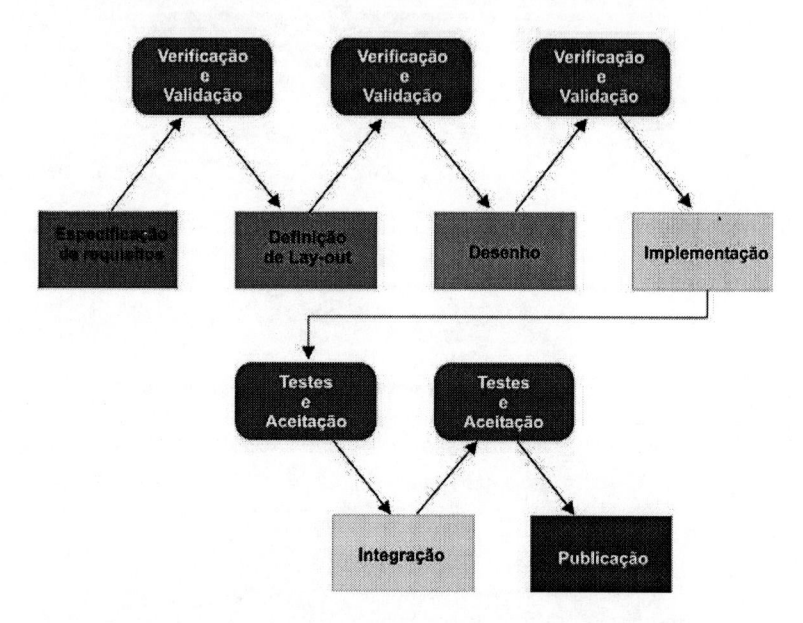

Figura 2.2 – Metodologia "PRÁTICA". (NOGUEIRA, 2004)

As fases da metodologia devem ser repetidas num ciclo único até que todas as páginas sejam desenvolvidas. Após toda implementação concluída, testada e aceita, passa-se para a fase a seguir ou volta-se ao início.

É importante que os desenvolvedores de software reconheçam que não é possível desenvolver sistemas com qualidade, cumprir prazos e custos e atender às expectativas dos usuários sem ter um processo de desenvolvimento de sistemas para Internet, compreendido e utilizado por toda a equipe (NOGUEIRA, 2004).

Segundo Nogueira (NOGUEIRA, 2004), a adoção de metodologias de desenvolvimento de software faz parte dos fatores críticos de sucesso nos projetos de software. A sistematização do processo bem como a gestão de todo o ciclo de vida do desenvolvimento é fundamental para o sucesso do projeto.

2.2.5 Engenharia de Riscos

Segundo Robert Charette (CHARETTE, 1989), a definição de risco é:

"Em primeiro lugar, risco afeta acontecimentos futuros. Presente e passado não preocupam, pois o que colhemos hoje já foi semeado por nossas ações anteriores. A questão é mudando nossas ações hoje, podemos criar oportunidade para uma situação diferente e possivelmente melhor para nós amanhã? Isso significa, em segundo lugar, que risco envolve mudança, como por exemplo, mudança de pensamento, opinião, ações ou lugares..., e em terceiro lugar, o risco envolve escolha e a incerteza que a própria escolha envolve. Assim, paradoxalmente, o risco, como a morte e os impostos, é uma das poucas certezas da vida."

Peter Drucker (DRUCKER, 1975) disse certa vez, "já que é fútil tentar eliminar riscos e questionável tentar minimizá-los, o essencial é que os riscos considerados sejam os certos". Antes que possamos identificar os "riscos certos", que acontecerão durante um projeto de software, é importante identificar todos os demais que são óbvios, tanto para gerentes quanto para profissionais (PRESSMAN, 2002).

Segundo Higuera (HIGUERA, 1995), "um risco 100% provável é uma restrição ao projeto de software".

De modo simplificado, podemos pensar no risco como uma probabilidade de que alguma circunstância adversa realmente venha ocorrer. Os riscos podem ameaçar o projeto, o software que está sendo desenvolvido ou a organização. Essas categorias de riscos podem ser definidas como se segue (SOMMERVILLE, 2003):

1. Riscos relacionados ao Projeto: são os riscos que afetam a programação ou os recursos do projeto.

2. Riscos relacionados ao Produto: são os riscos que afetam a qualidade ou o desempenho do software que está em desenvolvimento.

3. Riscos para os negócios: são os riscos que afetam a organização que está desenvolvendo ou adquirindo o software.

A Engenharia de Riscos envolve duas áreas chaves no seu processo. São elas: Análise de Riscos e Gerenciamento de Riscos (PETERS; PEDRYCZ, 2001).

A análise de riscos é composta por 3 processos:

- Identificação dos Riscos
- Estimativa dos Riscos
- Avaliação dos Riscos

E o gerenciamento dos riscos é composto por 5 processos:

- Planejamento de riscos

- Controle dos riscos

- Monitoração dos riscos

- Direcionamento de riscos

- Recrutamento (Respostas aos riscos)

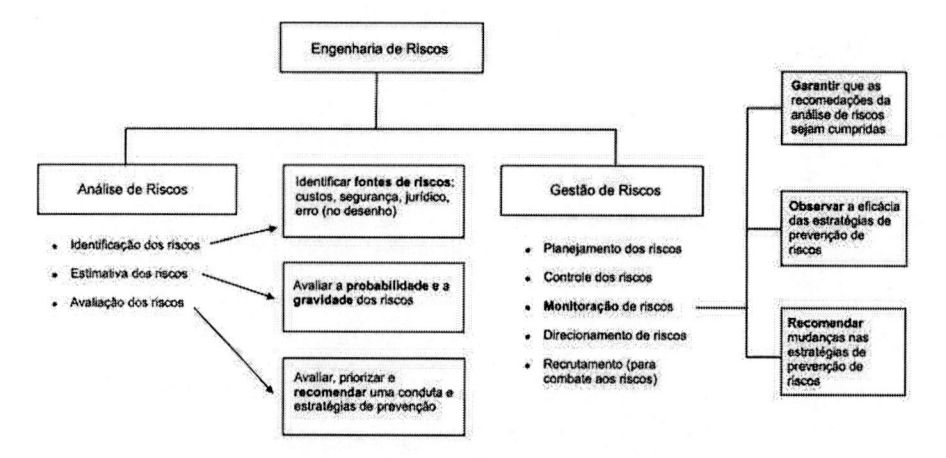

Figura 2.3 – Taxonomia da Engenharia de Riscos.

Quando o risco é considerado no contexto da Engenharia de Software, três fundamentações conceituais estão sempre em evidência (PRESSMAN, 2002):

- O futuro é nossa preocupação: Que riscos podem causar o insucesso do projeto de software?

- A mudança é nossa preocupação: Como as mudanças de requisitos do cliente, afetam a pontualidade e o sucesso geral?

- Devemos cuidar das escolhas: Que métodos e ferramentas devemos usar, quantas pessoas devem ser envolvidas, quanta ênfase em qualidade é suficiente?

O risco de projeto pode ser estimado quantitativamente ou qualitativamente. O principal objetivo da análise de riscos é desenvolver um conjunto de estratégias de prevenção de riscos (IEEE, 1995).

Tabela 5 – Esquema de Classificação de Riscos (IEEE 1044.1, 1995).

Esquema de Classificação de Riscos	Descrição
Alto	A correção de irregularidades ou a implementação de melhorias apresentam risco alto de impacto negativo no projeto.
Médio	A correção de irregularidades ou a implementação de melhorias apresentam risco médio de impacto negativo no projeto.
Baixo	A correção de irregularidades ou a implementação de melhorias apresentam risco baixo de impacto negativo no projeto.
Zero	A correção de irregularidades ou a implementação de melhorias apresentam risco desprezível de impacto negativo no projeto.

Segundo Paula Filho (PAULA FILHO, 2003), os riscos devem ser estimados e monitorados:

A estimativa de riscos é uma atividade muito importante e pouco praticada; um bom planejamento prevê não apenas o que deve acontecer se tudo correr bem, mas também o que pode correr mal, quais as conseqüências dos problemas e o que pode ser feito para combatê-los. Entre os fatores de riscos que devem ser considerados podem ser incluídos:

* Riscos legais;
* Riscos Tecnológicos;
* Riscos devidos ao tamanho e à complexidade do produto;
* Riscos relativos a pessoal;
* Riscos relativos à aceitação pelos usuários.

Já Sommerville (SOMMERVILLE, 2003), descreve os tipos de riscos que podem afetar o projeto e do ambiente organizacional em que o software está sendo desenvolvido.

Contudo, muitos riscos são considerados universais e eles envolvem as seguintes áreas:

* Tecnologia
* Pessoal

- Organizacional

- Ferramentas

- Requisitos

- Estimativa

A estimativa dos riscos compreende as seguintes tarefas:

- Identificação dos riscos possíveis em relação ao projeto;

- Análise desses riscos, avaliando-lhes a probabilidade e o provável impacto;

- Previsão de contramedidas curativas ou preventivas;

- Priorização dos riscos, organizando-os de acordo com a probabilidade e o impacto.

Tabela 6 – Exemplo de Estimativa de Riscos – (PAULA FILHO, 2003).

Prioridade	Risco	Gravidade	Probabilidade De ocorrência	Impacto Previsto	Contramedidas Previstas
1	Falta de Equipamentos para testes beta.	Alta	Média	Impossibilidade de realizar os testes beta.	Cobrar providência do cliente.
2	Defeitos na Engenharia de Software	Média	Média	Vários dias de atraso por alteração de requisitos.	Incluir na primeira liberação os requisitos mais complexos.
3	Falta de Usuários responsáveis por testes.	Alta	Baixa	Impossibilidade de realizar os testes beta.	Cobrar providência do cliente.
4	Falta de inventário das mercadorias para o cadastramento	Alta	Baixa	Impossibilidade de realizar os testes beta.	Cobrar providência do cliente.
5	Falta de povoamento inicial das bases de dados.	Alta	Baixa	Impossibilidade de realizar os testes beta.	Cobrar providência do cliente.
6	Mudança de Legislação	Média	Baixa	Pode ser necessário refazer partes referentes à nota fiscal.	Isolar as classes e interfaces susceptíveis de mudança de legislação.

Os riscos não permanecem constantes durante a execução de um projeto. Alguns desaparecem, outros novos surgem, e outros sofrem alterações de probabilidade e impacto, mudando portanto a prioridade. Um relatório de acompanhamento do projeto juntamente com uma tabela atualizada, devem ser utilizadas para monitoração dos riscos. A tabela de estimativa deve ser repetida e atualizada para refletir as modificações ocorridas, até que os riscos sejam concretizados ou completamente eliminados (PAULA FILHO, 2003).

As questões a seguir foram derivadas de dados de riscos obtidos por levantamento feito com gerentes de projeto de software experientes, em diferentes partes do mundo (KEIL, 1998). As questões estão ordenadas por sua importância relativa em relação ao sucesso de um projeto:

1. A alta administração do software e do cliente empenhou-se formalmente em apoiar o projeto?

2. Os usuários finais estão entusiasticamente empenhados com relação ao projeto?

3. Os requisitos estão plenamente entendidos ?

4. Os clientes envolveram-se totalmente na especificação dos requisitos?

5. Os usuários finais têm expectativas realistas ?

6. O escopo do projeto é estável?

7. A equipe de projeto tem a combinação de aptidões adequadas?

8. Os requisitos do projeto são estáveis?

9. A equipe de projeto tem experiência com a tecnologia a ser implementada?

10. A quantidade de pessoal é adequada ao projeto?

11. Todos os membros da equipe e usuários envolvidos no projeto concordam com a importância do projeto e com os requisitos do sistema?

Se qualquer dessas questões for respondida negativamente, os passos de atenuação, monitoração e gestão devem ser instituídas imediatamente. O grau em que o projeto está em risco é diretamente proporcional ao número de respostas negativas a essas questões.

Segundo Nogueira (NOGUEIRA, 2004) a adoção da Engenharia de Riscos, faz parte dos fatores críticos de sucesso nos projetos de software.

A gestão dos riscos em todo o ciclo de vida do desenvolvimento é fundamental para o sucesso do projeto.

2.3 CONSIDERAÇÕES FINAIS

Neste capítulo foi possível verificar a importância da Gestão de Projetos de Software e suas áreas fundamentais. O fracasso ou o sucesso do projeto está diretamente ligado a essas variáveis e contudo serão objetos de estudo e análise para que possam ser gerenciadas durante os projetos de software. Identificar os riscos relacionados a essas variáveis que possam ameaçar o sucesso do projeto torna-se necessário, bem como fazer parte do *Framework* de riscos, objetivo deste trabalho.

CAPÍTULO 3

Gestão de Riscos

Neste capítulo, serão descritos os conceitos fundamentais sobre a gestão de riscos, seus processos e procedimentos.

3.1 CONSIDERAÇÕES INICIAIS

A gestão de riscos é particularmente importante para projetos de software, devido às incertezas inerentes que a maioria dos projetos enfrenta (SOMMERVILLE, 2003).

A gestão de riscos é composta por atividades coordenadas para direcionar uma organização em relação ao risco. A gestão de riscos, geralmente inclui avaliação, tratamento, aceitação e comunicação de riscos (MCT, 2002).

3.2 PROCESSO DE GESTÃO DE RISCOS

O processo de gestão de riscos envolve vários estágios ou atividades (SOMMERVILLE, 2003):

1. Identificação dos riscos: são identificados os possíveis riscos de projeto, produto e negócios.

2. Análise de riscos: são avaliadas as possibilidades e as conseqüências da ocorrência desses riscos.

3. **Planejamento de riscos:** são traçados planos para enfrentar os riscos, seja evitando-os, seja minimizando seus efeitos sobre o projeto.

4. **Monitoramento de riscos:** o risco é constantemente avaliado e os planos para a diminuição dos riscos revisados, à medida que mais informações sobre eles se tornam disponíveis.

Segundo Pivetta (PIVETTA, 2002), os gerentes de projetos de sistemas de informação deveriam avaliar regularmente os riscos durante o processo de desenvolvimento para minimizar as chances de fracassos.

Um sumário das principais questões referentes a riscos, classificados por grupos, resultantes da análise efetuada por Conrow (CONROW, 1997) sobre os estudos existentes, é apresentado na tabela a seguir:

Tabela 7 - Sumário das principais questões referentes a riscos.

Grupo	Riscos Relacionados
Projeto	Requisitos excessivos, imaturos,.impossíveis ou instáveis; Falta de envolvimento do usuário; Subestimação da complexidade ou da natureza dinâmica do projeto.
Atributos do projeto	Desempenho aquém do esperado (incluindo erros e qualidade); Cronograma ou custos não realistas (estimativas ou quantidades alocadas).
Gerência	Gerência de projetos ineficiente (possibilidade de diversos níveis).
Engenharia	Integração, montagem, realização de testes, controle de qualidade, especialidades de engenharia ou engenharia de sistema ineficiente; Dificuldades imprevistas associadas à interface do usuário.
Ambiente de trabalho	Seleção de projetos, processos ou tecnologias imaturas ou sem experiências comprovadas de utilização; Planejamento de trabalho ou controle de configuração inadequado; Ferramentas e métodos inapropriados ou métricas inadequadas; Treinamento deficiente.
Outros	Documentação ou processo de revisão excessivo ou inadequado; Questões legais e contratuais (litígios, uso indevidos e direitos autorais); Obsolescência (inclusive cronograma com datas muitos distantes). Dificuldades imprevistas com itens subcontratados; Custos de assistência e/ou manutenções imprevistas.

3.3 OBJETIVOS DA GESTÃO DE RISCOS

Pode-se destacar dois objetivos principais da gestão de riscos em Engenharia de Software: prevenção e mitigação dos riscos.

Embora a eliminação total e completa dos riscos seja um ideal da gestão de riscos, esta possibilidade é questionada pelos autores e especialistas da área (PIVETTA, 2002).

Os objetivos são formulados de maneira mais realista, provendo os gerentes de projetos de meios que tornem o projeto mais previsível e controlável. Em particular, os problemas de cronograma, orçamento e funcionalidade dos softwares não podem ser totalmente eliminados, mas podem ser controlados através da aplicação de ações preventivas.

A tabela a seguir apresenta alguns princípios básicos da gestão de riscos (HIGUERA, 1996):

Tabela 8 – Princípios básicos da gestão de riscos.

Princípios	Características
Visão compartilhada do produto	Compartilhamento da visão do produto com base em propósito comum, responsabilidade compartilhada e comprometimento coletivo com o projeto; Focalização e resultados.
Trabalho em equipe	Trabalho cooperativo para atingir objetivos comuns; Concentração de talentos, habilidades e conhecimento.
Perspectiva global	Visualização do desenvolvimento de software dentro do contexto mais amplo do sistema, incluindo definição, projeto e desenvolvimento; Reconhecimento do valor em potencial da oportunidade e do impacto dos fatores adversos, tais como estouro de orçamento, dilatação de prazos ou fracassos em cumprir com as especificações do produto.
Visão de antecipação	Pensamento voltado para o futuro, identificação de incertezas, antecipação de possíveis desfechos; Gerenciamento dos recursos e atividades do projeto e antecipação de incertezas.
Comunicação aberta	Encorajamento do fluxo livre de informação entre todos os níveis do projeto; Facilitação da comunicação formal, informal e espontânea; Utilização de processos decisórios baseados em consenso que permitam valorizar opiniões individuais.

Tabela 8 – Princípios básicos da gestão de riscos. (continuação)

Princípios	Características
Gerenciamento integrado	Tornar o gerenciamento de riscos uma parte integral e vital para a gerência de projetos; Adaptação dos métodos e ferramentas da gerência de riscos para a infraestrutura do projeto, respeitando-se sua cultura.
Continuidade do processo	Manter constante vigilância; Identificar e gerenciar os riscos rotineiramente em todas as fases do ciclo de vida de um projeto.

3.4 ATIVIDADES DA GESTÃO DE RISCOS

A gestão de riscos possui seis atividades bem definidas.

São elas:

Identificação dos Riscos, Análise, Planejamento, Monitoração, Controle e Comunicação (HIGUERA, 1996).

3.4.1 Identificação dos Riscos

A atividade inicial da gestão de riscos é a identificação dos riscos de um projeto de software, antes que eles se tornem problemas. Objetivando um levantamento inicial de todas as possibilidades de riscos existentes no projeto, a atividade de identificação pode ser conduzida sem a preocupação de se encontrar soluções imediatas para as questões identificadas   (CARR, 1993).

Tabela 9 – Abordagens freqüentemente utilizadas na identificação de riscos.

Abordagem	Descrição
Revisão de listas de áreas de riscos em projetos de software anteriores	Através de consulta a listas de possibilidades de riscos em um projeto similar anterior, os membros de uma equipe de desenvolvimento de software podem identificar riscos semelhantes em seu projeto.
Avaliação da documentação o projeto	Os riscos são identificados através da análise das informações do próprio projeto de software. Pode ser utilizado para estudo as especificações de requisitos, planos do projeto, estruturas de subdivisão do trabalho, diagramas de GANTT, cronogramas PERT etc.

Tabela 9 – Abordagens freqüentemente utilizadas na identificação de riscos. (continuação)

Abordagem	Descrição
Entrevistas com os membros da equipe de desenvolvimento	Uma equipe é formada com o propósito de conduzir as entrevistas. As entrevistas podem utilizar questionários, tais como o do SEI, para servir como orientação para o entrevistador.
Brainstorming (tempestades de idéias)	Em reuniões com os grupos de desenvolvedores, os riscos são identificados em uma atmosfera de livre comunicação. Não há preocupação com avaliação crítica imediata a cerca das questões identificadas.
Avaliação dos custos do projeto	A estimativa dos custos pode ser de grande relevância para a identificação dos riscos de um projeto de software. A utilização de modelos que permitam estimar anomalias no custo do desenvolvimento servem para prever identificação de áreas arriscadas do projeto.

Segundo PMBOK (PMBOK, 2000), existem ferramentas e técnicas para identificação de riscos.

São elas:

- Listas de Verificação: questões do produto, tecnologia e pessoas envolvidas no projeto;

- Fluxogramas: melhor compreensão das causas e efeitos dos riscos do projeto;

- Entrevistas: entrevistas orientadas aos riscos com participação de várias partes envolvidas.

3.4.2 Análise dos Riscos

A análise dos riscos identificados é a atividade que permite caracterizar os aspectos mais importantes de cada risco, objetivando explorar as melhores estratégias de mitigação. Usualmente, os riscos são classificados, segundo algum critério estabelecido, para tornar a gestão concentrada nos riscos considerados prioritários (PIVETTA, 2002).

Após a análise dos riscos identificados, uma lista classificada pela importância dos riscos pode ser elaborada para priorizar os esforços de atuação. O cálculo da prioridade de cada risco pode ser efetuado com base em qualquer um dos aspectos ou combinações deles, sendo usualmente utilizado o valor de exposição.

A tabela a seguir apresenta aspectos sobre os riscos que podem ser avaliados. É importante observar que nem sempre todos os fatores podem ser sempre identificados, devido à sua natureza subjetiva e até mesmo pouco conhecida.

Tabela 10 – Principais aspectos analisados dos riscos.

Aspecto	Descrição
Probabilidade	Estabelece uma estimativa da probabilidade do evento que caracteriza o risco ocorrer. A estimativa da probabilidade pode ser feita através da análise de especialistas ou da observação de freqüência que um determinado fator ocorreu em projetos passados.
Proximidade	É composta de uma avaliação da proximidade no tempo do evento que caracteriza o risco.
Acoplagem	Caracteriza o efeito da ocorrência de um determinado risco em outros riscos identificados.
Impacto	O impacto do risco consiste no prejuízo a ser causado caso o risco não seja mitigado ou evitado.
Exposição	A exposição é definida por Boehm como sendo o produto da probabilidade de uma perda pela sua dimensão. Este cálculo é normalmente efetuado para auxiliar na definição da prioridade do risco. Os riscos mais prioritários são os que acusam as maiores exposições.
Estado	O estado de um risco é sua situação perante as ações da gerência. O estado de um risco usualmente aparece nos relatórios sumarizados destinados a promover a divulgação do andamento dos trabalhos.
Informações adicionais	Informações que posicionam o risco identificado no contexto do projeto em questão.
Dados comprobatórios	São dados coletados sobre as situações do risco que validam as estimativas. Estes dados são de grande importância na elucidação de discordâncias entre os membros de um projeto.

3.4.3 Planejamento dos Riscos

O Planejamento é uma atividade da gestão de riscos que envolvem, em geral, a determinação dos riscos a serem gerenciados, planos de ação para os riscos sob controle da gerência e planos de contingência para os riscos que se encontram além das capacidades de mitigação (PIVETTA, 2002).

A priorização dos riscos, seguida da determinação dos riscos a serem trabalhados inicialmente é um dos fatores mais importantes a serem considerados.

Os riscos mais importantes devem ter suas ações planejadas inicialmente, enquanto os demais riscos devem ter o custo de mitigação comparado ao seu impacto, para a avaliação dos benefícios do esforço a ser despendido (HIGUERA, 1996).

A tabela a seguir mostra alguns tipos de ação sobre riscos:

Tabela 11 – Tipos usuais de ação sobre os riscos.

Tipo de ação	Descrição
Aceitação	Aceitar os riscos e não tomar outras ações, aceitando assim as conseqüências. Isto pode ser viável para os riscos para os quais o custo de uma ação for maior que as perdas caso o risco ocorra.
Atuação	Evitar o risco efetuando o planejamento de uma mudança na concepção do produto ou no processo de desenvolvimento.
Observação	Os riscos devem ser monitorados, mas o uso de recursos para qualquer outro tipo de atuação ou investigação não está disponibilizado nesse momento.
Transferência	Os riscos são identificados pela organização, mas a autoridade e responsabilidade para atuar sobre eles encontram-se fora dos limites da organização. Os riscos são então transferidos para a entidade que pode exercer controle sobre eles.
Elaboração de estratégias	Para determinados tipos de riscos, são necessários mais recursos para investigar e pesquisar mais detalhadamente seus aspectos específicos. Diversas opções de estratégias devem ser identificadas, avaliadas, selecionadas e implementadas. As estratégias podem ser implementadas imediatamente ou desenvolvidas como planos de contingência.

3.4.4 Monitoração dos Riscos

A monitoração consiste em observar o status dos riscos e as ações tomadas para evitá-los. A monitoração tem como função ser um "cão de guarda" para a gestão. O objetivo é prover informações precisas e freqüentes para possibilitar a gerência de riscos atuar de forma preventiva e não reativa aos eventos (HIGUERA, 1996).

Como conseqüência da monitoração, os membros das equipes de desenvolvimento obtêm uma melhor visão do andamento do projeto (PIVETTA, 2002).

Cada risco sendo monitorado pode possuir um ciclo de atualização próprio. A freqüência de atualização depende dos recursos disponíveis e da rapidez com que o projeto se desenvolve.

São utilizados alguns indicadores do andamento das atividades de gestão de riscos para obtenção de informações.

A tabela a seguir apresenta três categorias de informação usualmente empregadas na monitoração de riscos (HIGUERA, 1996):

Tabela 12 – Categorias de informação empregadas na monitoração.

Categoria	Descrição
Métricas	Medidas qualitativas e quantitativas dos principais aspectos dos riscos, incluindo seus efeitos sobre o projeto.
Indicadores de estado	São utilizadas como representação do estado dos elementos principais do projeto e podem incluir métricas individuais ou combinação de métricas.
Gatilhos	São valores para as métricas, os indicadores de estado que representam alterações significativas ou eventos importantes que ocorrem no projeto.

3.4.5 Controle dos Riscos

A atividade de controle em gestão de riscos envolve a avaliação da situação corrente para determinar eventuais desvios do planejado. O controle na gestão de riscos envolve (WILLIAMS, 1997):

- Alterar a estratégia de mitigação quando esta se torna ineficaz;
- Atuar sobre o risco quando este assume importância suficiente para necessitar de atuação;
- Utilizar, se necessário, uma ação previamente planejada de contingência;
- Recuar as atividades para um modo de somente observação, quando o risco se localizar dentro de níveis preestabelecidos;
- Encerrar os trabalhos relacionados a um determinado risco, quando este deixar de existir.

O mesmo autor ressalta que, quando um risco tem suas atividades encerradas, todas as informações relacionadas devem ser documentadas, justificativas de encerramento, ações resultantes em sucesso ou fracasso, suposições errôneas, custos de mitigação e retorno do investimento.

3.4.6 Comunicação dos Riscos

A comunicação entre os membros do projeto de software é um dos fatores mais importantes para a realização bem sucedida da gestão de riscos. Sem uma comunicação efetiva, o gerenciamento de riscos se torna inviável. Riscos, problemas e crises podem aparecer, quando a estrutura de comunicação é debilitada em uma organização (HIGUERA, 1996).

A responsabilidade para se estabelecer a comunicação sobre os riscos para todo o projeto, parece ser de responsabilidade da alta gerência. Higuera observa que a alta gerência pode assumir um papel importante na liderança na gestão de riscos, através de algumas atitudes importantes:

- Informar toda a equipe de desenvolvimento a necessidade de que os riscos sejam identificados e comunicados ao nível hierárquico superior para resolução;

- Prover ativamente apoio para estes processos de comunicação;

- Prover a formação de equipes para abordar os riscos e facilitar a sua comunicação;

- Tornar a comunicação de riscos um dos itens a serem observados nas avaliações de desempenho dos funcionários;

- Publicar os trabalhos que estão sendo realizados em planejamento, monitoração e controle para os riscos identificados.

3.5 EXPOSIÇÃO AOS RISCOS

A estimativa é tão importante que alguns autores diferenciam incerteza e risco pela presença ou ausência da estimativa. Incerteza seria algo que há probabilidade do projeto ser afetado de forma negativa. Por outro lado, risco seria a incerteza associada à probabilidade e ao impacto. Então, risco seria definido como a probabilidade de um evento indesejável ocorrer e o significado da conseqüência para a ocorrência (MACHADO, 2002).

3.5.1 Relação Matricial

A probabilidade multiplicada pelo impacto dá-se o nome de exposição ao risco. Em projetos de software, Charette (CHARETTE, 1990) argumenta que para um evento ou ação ser considerado um risco, deve-se ter uma perda associada, uma chance ou alguma escolha, ou seja pode ser modificado por uma ação.

Portanto será adotado para esta pesquisa, baseado no princípio de Charette, e adaptando ao modelo que será usado, a fórmula para calcular a exposição de risco:

ER := Go * Ip
Onde:
ER = Exposição ao risco
Go = Grau de Ocorrência
Ip = Impacto no Projeto

Equação 3.1 – Cálculo de Exposição de Risco.

Com a utilização da equação sugerida por Charette, a implementação de uma ferramenta que venha apoiar a gestão de riscos em projetos de software se faz necessária. Será possível fornecer ao tomador de decisão tecnologia suficiente para fazer a análise e fazer a gestão adequada dos riscos. A seguir, o gráfico do paradigma de Exposição ao Risco:

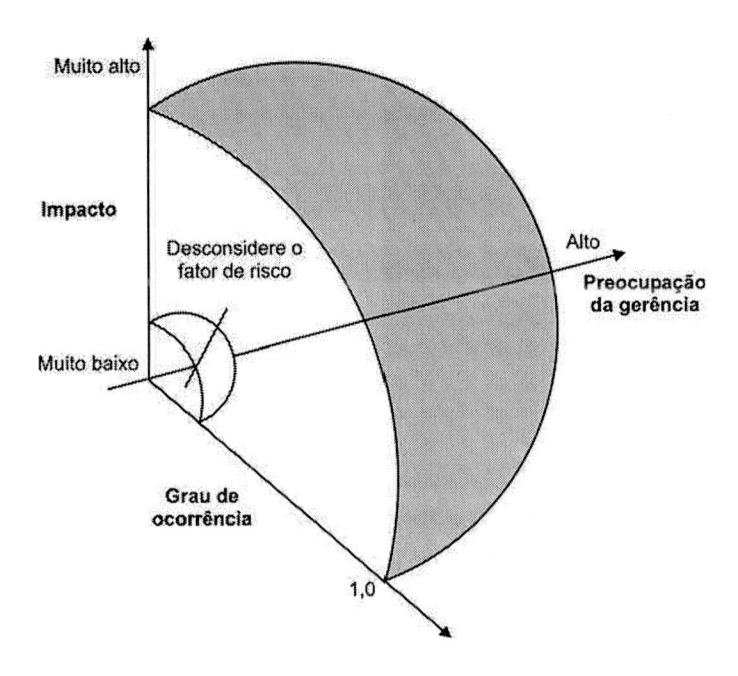

Gráfico 3.1 – *Aplicação da equação para cálculo de exposição ao risco.*

3.6 CONSIDERAÇÕES FINAIS

Este capítulo apresentou os conceitos sobre gestão de riscos e de forma metódica, mostrou a direção para a construção do *Framework* de riscos que irá apoiar a gestão dos riscos em projetos de software. A partir destes conhecimentos, será possível implementar um instrumento que possa avaliar e determinar o grau de exposição dos riscos em um projeto de software.

CAPÍTULO 4

Lógica Paraconsistente

Neste capítulo será descrita a Lógica Paraconsistente, modelo matemático que fará a validação dos riscos em projetos de software.

4.1 CONSIDERAÇÕES INICIAIS

A lógica paraconsistente constitui um assunto novo. Por esse motivo apresenta-se uma visão geral antes da proposta de sua utilização ser descrita.

A lógica clássica ou tradicional se baseia, entre outros, em três princípios:

1. Princípio da identidade: todo objeto é idêntico a si mesmo;

2. Princípio do terceiro excluído: de duas proposições contraditórias, uma é verdadeira;

3. Princípio da contradição (ou da não contradição): entre duas proposições contraditórias, uma é falsa.

Uma teoria dedutiva é consistente se não possuir teoremas contraditórios, um dos quais é a negação do outro. Caso contrário, a teoria é inconsistente (ou contraditória). Uma teoria chama-se trivial se todas as fórmulas (ou sentenças) de sua linguagem forem nela demonstráveis; em hipótese contrária, diz-se não-trivial (DA COSTA et al, 1999).

Analogamente, a mesma definição se aplica a sistemas de proposições, conjunto de informações etc. (levando-se em conta, naturalmente, o conjunto de suas conseqüências).

Se a lógica subjacente a uma teoria T é a clássica ou alguma de suas extensões, T é inconsistente se e somente se for trivial. Em conseqüência, se quiser erigir teorias ou sistemas de informação inconsistentes, mas não-triviais, é preciso usar um tipo novo de lógica.

Lógica paraconsistente é uma lógica que pode servir de base a teorias inconsistentes e não-triviais. Desse modo, a lógica paraconsistente é de importância fundamental para edificar sistemas de informação ou teorias inconsistentes, mas não-triviais.

A lógica paraconsistente encontra várias aplicações no setor de inteligência artificial (IA), na programação lógica etc. e demonstra ser de significado básico para a Ciência da Computação.

4.2 Breve Histórico

Os precursores da lógica paraconsistente são L.Lukasiewicz, N.A. Vasilçv e S. Jaskowski. Embora Lukasiewicz e Vasilçv fossem contemporâneos, aparentemente um não conheceu o outro. Lukasiewicz com suas idéias influenciou seu estudante S. Jaskowski, que criou a chamada lógica discursiva.

Em 1910, Lukasiewicz publicou um livro e um artigo onde analisou o princípio da contradição de Aristóteles. De acordo com o autor, Aristóteles já admitia que a validade desse princípio poderia ser negada.

Também entre 1910 e 1913, o russo Nicolai Vasilçv (1880-1940) salientou, de forma independente, que similarmente ao que se deu com os axiomas de geometria euclidiana, alguns princípios da lógica aristotélica poderiam ser revisados, dentre eles o Princípio da Contradição. Como é bem sabido, o questionamento do chamado Quinto Postulado de Euclides mostrou que ele era independente dos demais axiomas da geometria euclidiana, podendo, portanto ser substituído por alguma forma de negativa, originando-se com isso as chamadas "geometrias não-euclidianas". Uma delas, a geometria Riemanniana, foi usada por Albert Einstein (1879-1955) na formulação da relatividade geral; resumidamente, a "geometria do mundo" (de acordo com a teoria da relatividade), é não-euclidiana.

Lukasiewicz e Vasilçv preocuparam-se com a possibilidade da derrogação do Princípio da Contradição, mas não construíram sistemas lógicos estrito senso que dessem vazão a esta possibilidade. Foi um discípulo de Lukasiewicz, S. Jaskowski (1906-1965), quem apresentou em 1948 um sistema lógico que poderia ser aplicado a sistemas envolvendo inconsistências sem que no entanto resultasse que todas as suas fórmulas pudessem ser derivadas como teoremas. O sistema de Jaskowski limitou-se a uma parte da lógica, que tecnicamente se denomina de cálculo de proposições, aparentemente não tendo percebido a possibilidade das lógicas paraconsistentes em sentido amplo.

O lógico brasileiro Newton C. A. da Costa (1929-), então professor da UFPR, independentemente de Jaskowski (cujos trabalhos haviam sido publicados em polonês), iniciou a partir da década de 50 estudos no sentido de desenvolver sistemas lógicos que pudessem envolver contradições, motivado por questões de natureza tanto filosóficas quanto matemáticas. Os sistemas de Da Costa se estenderam muito além dos de Jaskowski, abrangendo-os como casos particulares. Da Costa é reconhecido internacionalmente como o real criador das lógicas paraconsistentes (o termo "paraconsistente", que literalmente significa "ao lado da consistência", foi cunhado pelo filósofo peruano Francisco Miró Quesada em 1976) como salientamos no início destas considerações.

4.3 Aplicações

Em 1991 e 1992, (DA COSTA, Newton C. A.; ABE J. M.; SUBRAHMANIAN, V. S., 1991; ABE, 1992) fizeram os primeiros estudos sobre os fundamentos da lógica paraconsistente anotada, em 1992, ABE deu continuidade. Em seu estudo ABE estudou a lógica de predicados, a teoria de modelos, a teoria anotada de conjuntos e alguns sistemas modais, estabelecendo um estudo sistemático dos fundamentos das lógicas anotadas apontadas em trabalhos anteriores.

Outra aplicação dos sistemas anotados foi iniciada por ABE em 1993, e, juntamente com discípulos, implementou a linguagem de programação paraconsistente Paralog (ÁVILA et al.,1997) independentemente dos resultados obtidos por Subrahmanian. Tais idéias foram usadas na construção de um protótipo e na especificação de uma arquitetura com base na lógica paraconsistente anotada que integra vários sistemas computacionais – planejadores, base de dados, sistemas de visão etc. – de uma célula de manufatura (PRADO, 1996) e representação de conhecimento por Frames, que permite representar inconsistências e exceções (ÁVILA , 1996).

Também em (DA SILVA FILHO; ABE, 2001) se introduziram circuitos digitais (portas lógicas *Complement, And* e *Or*) inspirados nas lógicas paraconsistentes anotadas PG. Tais circuitos permitem sinais "conflitantes" implementados em sua estrutura de modo não-trivial. Acredita-se que a contribuição dos circuitos elétricos paraconsistentes seja pioneira na área dos circuitos elétricos, abrindo-se novas vias de investigação. Nas pesquisas relacionadas com a parte de hardware, foi a edificação do analisador lógico. O para-analisador permite tratar conceitos de incerteza, inconsistência e paracompleteza (DA SILVA FILHO; ABE, 2001). Também foram construídos controladores lógicos com base nas lógicas anotadas – paracontrol, simuladores lógicos – para o tratamento de sinais – para-sônicos. Como materialização dos conceitos discutidos, construiu-se o primeiro robô paraconsistente com o hardware paraconsistente: a robô Emmy, e já está sendo construído o protótipo II (DA SILVA FILHO; ABE, 2001).

Os sistemas anotados também englobam aspectos dos conceitos envolvidos em raciocínio não-monotônico, *defesiable, default* e deôntico (NAKAMATSU et al., 2000).

Versões de lógicas anotadas também envolvem muitos aspectos das lógicas *fuzzy*. Isso pode ser visto sob vários ângulos. A teoria anotada de conjuntos engloba *in totun* a teoria de conjuntos *fuzzy* (DA COSTA, Newton C. A.; ABE J. M.; SUBRAHMANIAN, V. S., 1991; ABE, 1992).

Versões axiomatizadas da teoria *fuzzy* foram obtidas (AKAMA; ABE, 1999). Foi erigido o controlador híbrido *parafuzzy* que une características das lógicas anotada e *fuzzy* (DA SILVA FILHO; ABE, 1999).

Finalmente, aspectos algébricos também foram investigados por Abe (ABE, 1999). Uma visão geral de alguns aspectos das aplicações dos sistemas notados pode ser vista em (ABE, 1997).

4.4 Resumo da Lógica Paraconsistente Anotada

As lógicas anotadas constituem uma classe de lógica paraconsistente. Tais lógicas estão relacionadas a certos reticulados completos, que desempenham um papel mérito importante. As conclusões são obtidas a partir de informações que não são categóricas, mas que trazem evidência (crença) do fato a ser analisado.

Um especialista do conhecimento em questão omite sua opinião que varia de 0% até 100%. A partir daí, o processo será manipulado matematicamente. Se, por exemplo, for 0% fica 0,0. se for 100%, passa a ser 1,0 . A evidência favorável é expressa pelo símbolo μ e a contrária por λ.

4.5 Lógica Paraconsistente Anotada E τ

Seja $\tau = < |\tau|, \leq >$ um reticulado finito fixo, onde:

1. $|\tau| = [0, 1] \times [0, 1]$ onde $[0, 1]$ indica o intervalo unitário real.

2. $\leq = \{ ((\mu_1, \lambda_1), (\mu_2, \lambda_2)$ å $\{[0, 1] \times [0, 1] 2 | \mu_1 \leq \mu_2, e \lambda_1 \leq \lambda_2\}$

(onde $\leq$ indica a ordem usual dos números reais). Tais reticulados denominam-se reticulados de valores – verdade.

A idéia epistemológica intuitiva da associação de uma anotação (μ, λ) a uma proposição p significa que o grau de evidência (crença) em p é μ, enquanto o grau de evidência contrária (descrença) é λ.

Intuitivamente, em tal reticulado, (1.0, 0.0) indica "crença total" - verdade; (0.0, 1.0) indica "descrença total" – falsidade ; (1.0, 1.0) indica "crença totalmente inconsistente" - inconsistência; e (0.0, 0.0) indica "ausência total de crença".

Fixamos também um operador $\sim: |\tau| \to |\tau|$.

O operador $\sim$ constitui o "significado" do símbolo lógico de negação do sistema que será considerado.

Outros valores do reticulado são:

$\perp$ indica o mínimo de $\tau = (0.0, 0.0)$

$\top$ indica o máximo de $\tau = (1.0, 1.0)$;

A linguagem da LPA Eτ possui os seguintes símbolos primitivos:

1. Símbolos proposicionais: p, q, r etc.

2. Conectivos: ⌐ (negação), ∧ (conjunção), ∨ (disjunção) e → (implicação).

3. Cada membro de τ é uma constante de anotação: $(\mu_1, \lambda_1), (\mu_2, \lambda_2)$ etc.

4. Símbolos auxiliares: parênteses (DA COSTA et al., 1999).

4.6 Representação dos Reticulados Associados à Lógica Paraconsistente Anotada

A lógica paraconsistente anotada pode ser representada, de modo particular, por meio de um reticulado de Hasse.

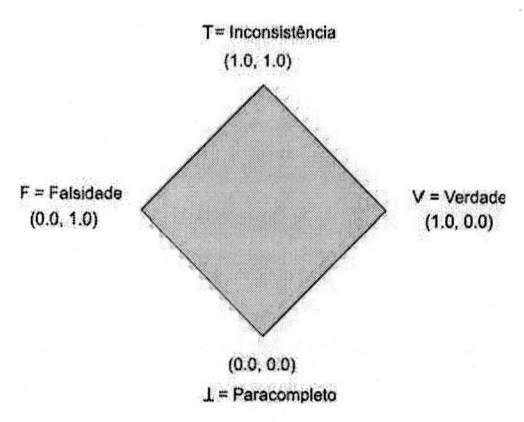

Figura 4.1 – Reticulado finito de Hasse.

4.7 Lógica Paraconsistente – O Reticulado τ

Análise da LP Eτ no quadrado unitário do plano cartesiano

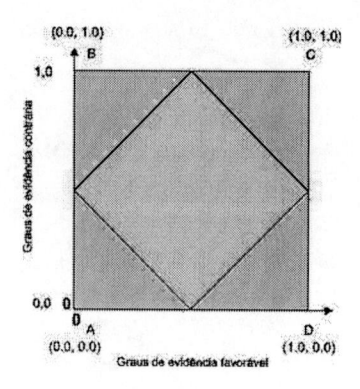

Gráfico 4.1 – Reticulado associado à lógica paraconsistente anotada.

No quadrado unitário do plano cartesiano, a reta AC tem uma equação característica dada por X-Y=0. Usando os graus de evidência (crença) e de evidência contrária (descrença) do reticulado obtém-se:

$\mu - \lambda = 0$

Podemos traçar infinitas retas paralelas à reta AC. A distância entre a reta AC e qualquer uma das retas paralelas é calculada por X-Y=0, que com os correspondentes graus de evidência (crença) e de evidência contrária (descrença) resulta $\mu - \lambda = d$

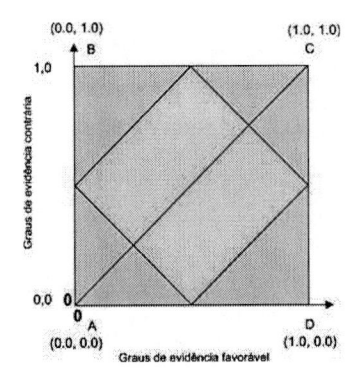

Gráfico 4.2 – Equação da reta (A).

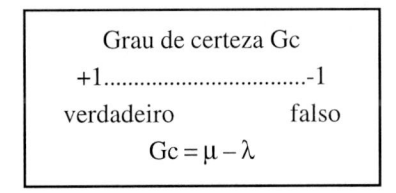

Equação 4.1 – Grau de Certeza.

Exemplo:

$\mu - \lambda$

Gc = 0 (o estado lógico resultante é indefinido).

Grau de contradição Gct

Equação da reta: $x + y - 1 = 0$

Com as evidências favorável e desfavorável:

$$\mu_1 + \lambda_1 - 1 = 0$$

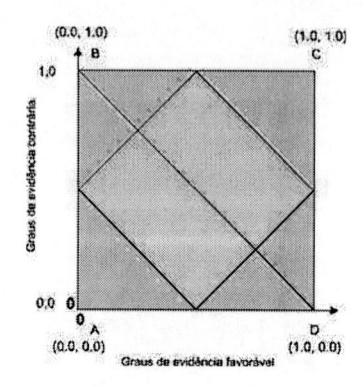

Gráfico 4.3 – *Equação da reta (B).*

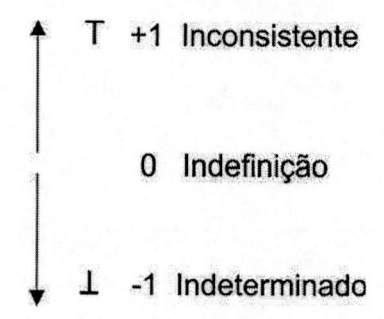

Figura 4.2 – *Eixo dos graus de contradição Gct.*

Exemplo de localização no gráfico:

Grau de evidência $\mu_1 = 0{,}9$

Grau de evidência contrária $\lambda_1 = 0{,}1$

Cálculo do grau de certeza Gc = $0{,}9 - 0{,}1$

Gc = $0{,}8$

Cálculo do grau de contradição Gct = $1{,}0 + 0{,}6 - 1$

Gct = $0{,}6$

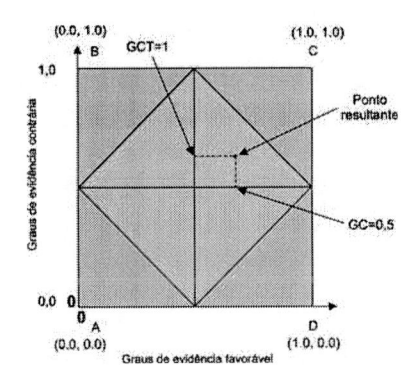

Gráfico 4.4 – Exemplo de localização de pontos.

4.8 Algoritmo Para-analisador

Agora serão apresentados métodos que proporcionam meios de utilização da E τ, trazendo resultados compensadores na obtenção de dados.

Capazes de promover novas formas de tratamento do conhecimento incerto. O conhecimento incerto é aquele que é discutível e ao qual, normalmente, e se associa uma medida de incerteza que descreva, de algum modo, crenças para as quais existem certas evidências de apoio (DA SILVA FILHO; ABE, 2000).

Lógica paraconsistente anotada de anotação com dois valores no quadrado unitário do plano cartesiano (QUPC) e sua representação pode ser feita no plano cartesiano real.

Dessa forma, todos os valores envolvidos serão estudados e discutidos no plano cartesiano, proporcionando melhor entendimento e visualização.

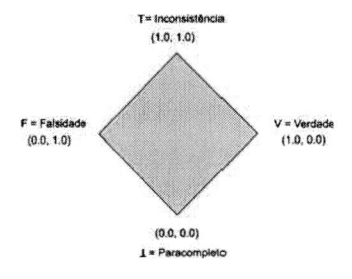

Figura 4.3 – Reticulado finito de Hasse.

Nessa representação, no eixo μ estão os valores anotacionais correspondentes ao grau de crença e, no eixo λ, os valores que correspondem ao grau de descrença. Os pontos assinalados no gráfico determinam os estados extremos do reticulado. São eles:

- Ponto A = (0.0, 0.0) Paracompleto

- Ponto B = (0.0, 1.0) Falso

- Ponto C = (1.0, 1.0) Inconsistente

- Ponto D = (1.0, 0.0) Verdadeiro

Os valores dos sinais dos graus de crença e descrença que estão representados no quadrado unitário do plano cartesiano variam de 0 a 1. Nesse intervalo podem ter seus valores considerados discretos (multivalorados) ou de valoração contínua com o tempo (analógicos). Com a análise ponto a ponto do QUPC, é elaborada uma tabela de valores-verdade com sinais de entrada compostos pelos graus de crença e descrença e os correspondentes estados lógicos resultantes de saída.

Tabela 13 - Valores-verdade para sinais de entrada binários, onde μ e λ são independentes.

Sinais de entrada		
Grau de Crença	Grau de Descrença	Estado resultante
μ	λ	
1	1	T
1	0	V
0	1	F
0	0	⊥

A negação da lógica paraconsistente anotada é operador ~. Utilizando termos usuais da lógica clássica, esse operador será denominado de operador *not*. Na aplicação do Operador *not*, a negação ocorre apenas nos estados lógicos resultantes que denotam certeza, que são os dois estados: "falso" e "verdadeiro".

Na lógica paraconsistente anotada é proposto que a aplicação dos conectivos *or* e *and* entre duas fórmulas atômicas A e B siga os mesmos procedimentos aplicados à lógica clássica, que é a maximização no conectivo *or* e a minimização no conectivo *and*.

Na Lógica Paraconsistente, o tipo de tratamento dado às anotações é que define o estado resultante na saída. Sendo assim, a aplicação dos conectivos *or* e *and*, é obtida conforme o procedimento feito com o operador *not*.

Serão consideradas duas fórmulas proposicionais com seus respectivos graus de crença e descrença A (μ_1, λ_2) e B (μ_1, λ_2). Denominam-se essas fórmulas proposicionais de sinais anotados A e B.

A seguir, será apresentada a tabela de valores-verdade da aplicação dos conectivos *or* e *and* para duas proposições A e B com os respectivos sinais de entrada μ_1 (grau de crença) e λ_2 (grau de descrença).

Tabela 14 – Valores-verdade da aplicação do conectivo *or* quando os sinais de entrada μ_1 e λ_2 são binários e independentes.

Sinais de entrada						
Grau de crença		Grau de descrença		Conectivo	OR	Estado resultante
μ a	μ b	λ a	λ b	μ R	λ R	
1	1	1	1	1	1	T
1	1	1	0	1	1	T
1	1	0	1	1	1	T
1	1	0	0	1	0	v
1	0	1	1	1	1	T
1	0	1	0	1	1	T
1	0	0	1	1	1	T
1	0	0	0	1	0	v
0	1	1	1	1	1	T
0	1	1	0	1	1	T
0	1	0	1	1	1	T
0	1	0	0	1	0	v
0	0	1	1	0	1	F
0	0	1	0	0	1	F
0	0	0	1	0	1	F
0	0	0	0	0	0	$\perp$

Tabela 15 – Valores-verdade da aplicação do conectivo *and* quando os sinais de entrada μ_1 e λ_2 são binários e independentes.

Sinais de entrada						
Grau de crença		**Grau de descrença**		**Conectivo AND**		
μ a	μ b	λ a	λ b	μ R	λ R	Estado resultante
1	1	1	1	1	1	T
1	1	1	0	1	0	v
1	1	0	1	1	0	v
1	0	0	0	1	0	v
1	0	1	1	0	1	F
1	1	1	0	0	0	$\perp$
1	0	0	1	0	0	$\perp$
1	0	0	0	0	0	$\perp$
0	1	1	1	0	1	F
0	1	1	0	0	0	$\perp$
0	1	0	1	0	0	$\perp$
0	1	0	0	0	0	$\perp$
0	0	1	1	0	1	F
0	0	1	0	0	0	$\perp$
0	0	0	1	0	0	$\perp$
0	0	0	0	0	0	$\perp$

Quadrado unitário do plano cartesiano de resolução 12, com todos os pontos de destaque e linhas de limitação, onde os valores de crença e descrença são ternários e não complementares.

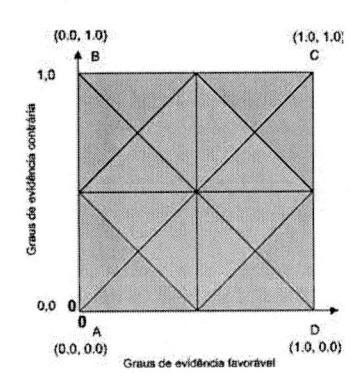

Gráfico 4.5 – *O reticulado com Resolução 12.*

Com as descrições de todas as regiões do reticulado, será apresentada toda a simbologia do algoritmo para-analisador elaborada com base na LPE τ.

Quatro valores limites externos:

$V_{cve} = C_1 =$ Valor de controle de veracidade; $0 \leq V_{cve} \leq 1$

$V_{cfa} = C_2 =$ Valor de controle de falsidade; $-1 \leq V_{cfa} \leq 0$

$V_{cic} = C_3 =$ Valor de controle de inconsistência; $0 \leq V_{cic} \leq 1$

$V_{cpa} = C_4 =$ Valor de controle de paracompleteza; $-1 \leq V_{cpa} \leq 0$

Esses valores prevalecerão quando uma proposição é considerada, por exemplo, "verdadeira" no sentido de tornarmos uma decisão positiva, e assim por adiante. A figura a seguir ajudará a introdução de conceitos suplementares.

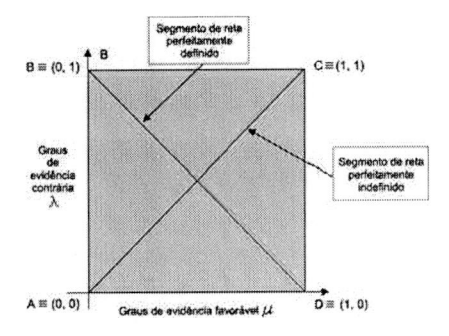

Gráfico 4.6 – *Representação do algoritmo para-analisador.*

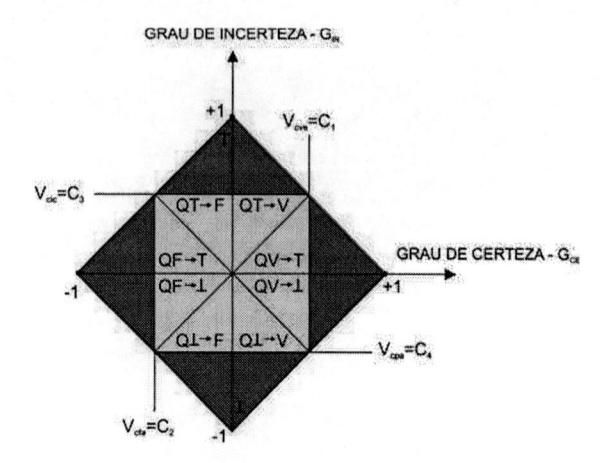

Gráfico 4.7 – *Diagrama com os graus de incerteza e de certeza, com valores ajustáveis de controle-limite nos eixos.*

Tabela 16 – Estados extremos.

Estados Extremos	Símbolos
Verdadeiro	V
Falso	F
Inconsistente	T
Paracompleto	$\perp$

Tabela 17 - Estados não extremos.

Estados Não-Extremos	Símbolo
Quase verdadeiro tendendo ao inconsistente	$QV \rightarrow T$
Quase verdadeiro tendendo ao paracompleto	$QV \rightarrow \perp$
Quase falso tendendo ao inconsistente	$QF \rightarrow T$
Quase falso tendendo ao paracompleto	$QF \rightarrow \perp$
Quase inconsistente tendendo ao verdadeiro	$QT \rightarrow V$
Quase inconsistente tendendo ao falso	$QT \rightarrow F$
Quase paracompleto tendendo ao verdadeiro	$Q\perp \rightarrow V$
Quase paracompleto tendendo ao falso	$Q\perp \rightarrow F$

Essas regiões são facilmente caracterizáveis por meio dos graus de incerteza, o que deixará de ser feito neste texto. Detalhes completos se encontram na obra de Da Costa et al., 1998. Novamente, a subdivisão apresentada é modificável e ajustável de acordo com as características e peculiaridades de cada aplicação, como já observado anteriormente.

4.9 CONSIDERAÇÕES FINAIS

Este capítulo apresentou a Lógica Paraconsistente e suas particularidades. Para se analisar fatores de risco é necessário tratar com incertezas, com a LPA é possível considerar fatores de incertezas, cabendo uma combinação adequada para se atingir os objetivos propostos pelo trabalho.

Capítulo 5

Framework de Riscos

Este capítulo, mostrará a construção do *Framework* de riscos para apoiar a gestão de riscos em projetos de software.

5.1 Considerações Iniciais

Diante do levantamento bibliográfico realizado, foi possível identificar pontos prioritários no processo de desenvolvimento de software.

Não bastante, para apoiar a gestão de riscos nos projetos de software, faz-se necessário a construção de um *Framework* de riscos, onde o tomador de decisão possa utilizar como um instrumento de auxilio crítico no processo de gerenciamento dos riscos.

Para tanto será necessário seguir alguns passos. São eles:

* Identificação dos riscos;
* Submeter os riscos identificados a uma pesquisa de campo;
* Colher dados e estabelecer regras para tratamento;
* Submeter os dados à análise para validação dos riscos;
* Estabelecer pesos aos fatores de risco (GCerteza – GContradição);
* Apresentar o Framework com os riscos validados.

5.2 Identificação dos Riscos

Através do levantamento bibliográfico do "Estado da Arte" sobre a Engenharia de Software, Gestão de Projetos e suas áreas correlacionadas, bem como os riscos do processo de desenvolvimento de software, e listas de riscos elaborados por Machado (MACHADO, 2002), Leopoldino (LEOPOLDINO, 2004), Riscos Universais segundo Sommerville (SOMMERVILLE, 2003), PMBOK (PMBOK, 2000) e com algumas adaptações, identificou-se os seguintes riscos bem como o universo que ele se enquadra:

Tabela 18 – Riscos universais identificados.

Nº	Fator de Risco	Universo
01	Hardware com performance incompatível com a aplicação criada	TECNOLOGIA
02	Mudança de plataforma ou linguagem, durante o projeto	TECNOLOGIA
03	Falta de motivação da equipe	PESSOAL
04	Rotatividade de pessoal	PESSOAL
05	Falta de adoção de modelagens visuais para o projeto	MÉTODOS
06	Falta de adoção de metodologias de desenvolvimento	MÉTODOS
07	Falta de adoção de normas ou modelos de qualidade	PADRÕES
08	Falta de adoção de metodologia de gestão de projetos	MÉTODOS
09	Não utilização de ferramentas de controle de requisitos	FERRAMENTAS
10	Não utilização de ferramentas de controle de configurações	FERRAMENTAS
11	Não utilização de ferramentas para gestão de projetos	FERRAMENTAS
12	Requisitos mal definidos, incompletos ou mal entendidos	REQUISITOS
13	Mudanças contínuas dos requisitos	REQUISITOS
14	Falta de envolvimento dos usuários ou resistência a mudanças	PESSOAL
15	Tempo de desenvolvimento do projeto mal estimado	ESTIMATIVA
16	Custos do desenvolvimento do projeto mal estimados	ESTIMATIVA
17	Falta de recursos financeiros para continuar o projeto	ORGANIZACIONAL
18	Expectativas pouco realistas do cliente quanto ao projeto	ORGANIZACIONAL
19	Planejamento inadequado ou insuficiente do projeto	MÉTODO
20	Desconhecimento de tecnologias necessárias para o projeto	TECNOLOGIA

Tabela 18 – Riscos universais identificados (continuação).

Nº	Fator de Risco	Universo
21	Mudanças contínuas dos objetivos e escopo do projeto	REQUISITOS
22	Não utilização de métricas no projeto	MÉTODOS
23	Baixa produtividade dos envolvidos no projeto	PESSOAL
24	Problemas ou atritos que ocorrem entre clientes e contratados	PESSOAL
25	Ausência de plano de testes no projeto	MÉTODOS
26	Omissão de informações importantes durante o projeto	ORGANIZACIONAL
27	Não adoção de ferramentas de produtividade na codificação	FERRAMENTAS
28	Não adoção de reuso de código e interfaces	MÉTODOS
29	Documentação do projeto ausente ou incompleta	METODOS
30	Falta de históricos de projetos anteriores	METODOS
31	Funcionários sem treinamentos em tecnologias de ponta	PESSOAL
32	Ambiente organizacional instável onde se realiza o projeto	ORGANIZACIONAL
33	Não utilização da técnica de prototipação no projeto	MÉTODOS
34	Insatisfação do cliente para com o software desenvolvido	QUALIDADE
35	Quantidade de pessoal inadequada para o porte do projeto	PESSOAL
36	Contrato de prestação de serviços falho ou incompleto	LEGAIS

Após a identificação, o próximo passo foi à elaboração do questionário para a realização da pesquisa de campo.

5.3 PESQUISA DE CAMPO

Para atingir os objetivos estabelecidos foi realizada uma pesquisa exploratória agregada à técnica de *survey*. Foram recolhidos dados de gerentes de projetos, desenvolvedores de software e outros profissionais ligados a produção de software em geral através da Internet.

Para a coleta dos dados, utilizou-se o preenchimento do questionário digitalmente criado através de um software para Internet. O endereço eletrônico para acessar a pesquisa foi enviado por correio eletrônico, e as respostas à pesquisa feitas via software armazenadas em banco de dados.

A seguir as etapas da pesquisa, os procedimentos que as constituem:

- Elaboração de um instrumento de coleta;
- Aplicação do instrumento em campo.

5.3.1 Elaboração de um Instrumento de Coleta

Para realizar a pesquisa digitalmente, ou seja via internet, onde se pode contatar muito mais pessoas simultaneamente, através da distribuição do software, com velocidade e produtividade efetivas, foi construído um software com banco de dados, com interface para internet.

Utilizando os riscos identificados na fase anterior, foram adicionados alguns campos para que a pesquisa tivesse uma amostragem do perfil do pesquisado.

Além dos itens de risco, foram pesquisados:

- Nome (Deixando em branco caso o pesquisado não quisesse ser identificado);
- E-Mail (Deixando em branco caso o pesquisado não quisesse ser identificado);
- Estado (SP, RJ, MG, PR, RS, SC e outros);
- Função (Gerente de Projetos, Desenvolvedor, Outros);
- Atua em Instituição (Privada, Pública, Governamental, Acadêmica);
- Experiência em Projetos (Menos de 1 ano, 1 ano, 2 anos, 3 anos, mais de 3 anos).

Os campos de identificação foram escolhidos de forma arbitrária porém com o intuito de proporcionar ao entrevistado, rapidez e eliminar o desconforto comum nas pesquisas com muitos questionamentos.

A seguir a tela de entrada da pesquisa:

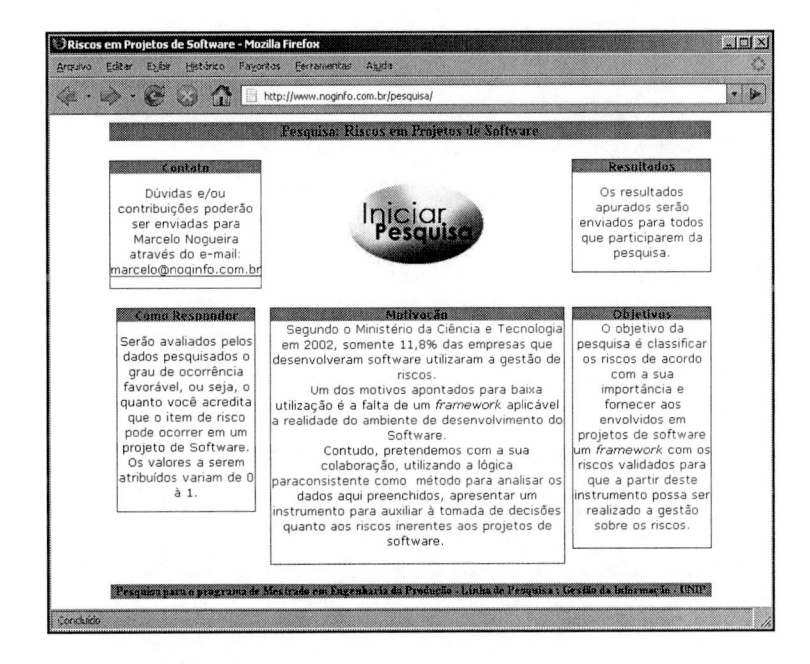

Figura 5.1 – *Tela de abertura da pesquisa na Internet.*

A seguir a tela de questões da pesquisa:

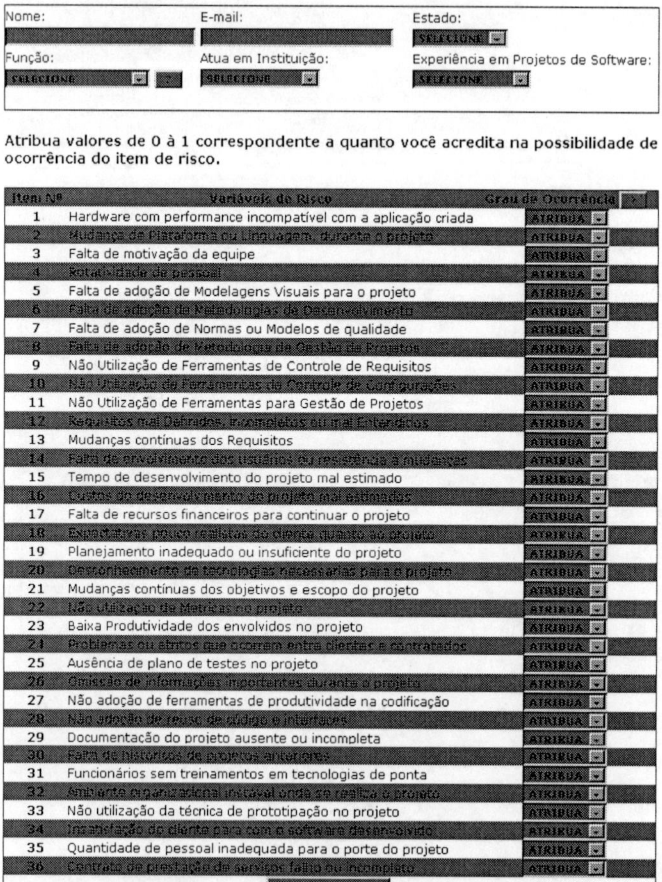

Nome:	E-mail:	Estado:
		SELECIONE
Função:	Atua em Instituição:	Experiência em Projetos de Software:
SELECIONE	SELECIONE	SELECIONE

Atribua valores de 0 à 1 correspondente a quanto você acredita na possibilidade de ocorrência do item de risco.

Item Nº	Variável do Risco	Grau de Ocorrência
1	Hardware com performance incompatível com a aplicação criada	ATRIBUA
2	Mudança de Plataforma ou Linguagem, durante o projeto	ATRIBUA
3	Falta de motivação da equipe	ATRIBUA
4	Rotatividade de pessoal	ATRIBUA
5	Falta de adoção de Modelagens Visuais para o projeto	ATRIBUA
6	Falta de adoção de Metodologias de Desenvolvimento	ATRIBUA
7	Falta de adoção de Normas ou Modelos de qualidade	ATRIBUA
8	Falta de adoção de Metodologia de Gestão de Projetos	ATRIBUA
9	Não Utilização de Ferramentas de Controle de Requisitos	ATRIBUA
10	Não Utilização de Ferramentas de Controle de Configurações	ATRIBUA
11	Não Utilização de Ferramentas para Gestão de Projetos	ATRIBUA
12	Requisitos mal Definidos, Incompletos ou mal Entendidos	ATRIBUA
13	Mudanças continuas dos Requisitos	ATRIBUA
14	Falta de envolvimento dos usuários ou resistência a mudanças	ATRIBUA
15	Tempo de desenvolvimento do projeto mal estimado	ATRIBUA
16	Custos do desenvolvimento do projeto mal estimados	ATRIBUA
17	Falta de recursos financeiros para continuar o projeto	ATRIBUA
18	Expectativas pouco realistas do cliente quanto ao projeto	ATRIBUA
19	Planejamento inadequado ou insuficiente do projeto	ATRIBUA
20	Desconhecimento de tecnologias necessárias para o projeto	ATRIBUA
21	Mudanças continuas dos objetivos e escopo do projeto	ATRIBUA
22	Não utilização de Métricas no projeto	ATRIBUA
23	Baixa Produtividade dos envolvidos no projeto	ATRIBUA
24	Problemas ou atritos que ocorrem entre clientes e contratados	ATRIBUA
25	Ausência de plano de testes no projeto	ATRIBUA
26	Omissão de informações importantes durante o projeto	ATRIBUA
27	Não adoção de ferramentas de produtividade na codificação	ATRIBUA
28	Não adoção de reuso de código e interfaces	ATRIBUA
29	Documentação do projeto ausente ou incompleta	ATRIBUA
30	Falta de histórico de projetos anteriores	ATRIBUA
31	Funcionários sem treinamentos em tecnologias de ponta	ATRIBUA
32	Ambiente organizacional instável onde se realiza o projeto	ATRIBUA
33	Não utilização da técnica de prototipação no projeto	ATRIBUA
34	Insatisfação do cliente para com o software desenvolvido	ATRIBUA
35	Quantidade de pessoal inadequada para o porte do projeto	ATRIBUA
36	Contrato de prestação de serviços falho ou incompleto	ATRIBUA

Finaliza Pesquisa

Figura 5.2 – Tela de questões da pesquisa.

Os campos para as respostas, contêm:

- Número do item de risco (1,2,3,4...)
- Variável de riscos (risco a ser avaliado)
- Grau de ocorrência (na escala de 0 á 1)

O grau de ocorrência, que de fato é a pergunta feita, ou seja o quanto cada especialista acredita na possibilidade da ocorrência daquele risco.

O escalonamento de 0 á 1 foi feito para se adequar ao tratamento dos dados utilizado pela lógica paraconsistente.

5.3.2 Aplicação do Instrumento em Campo

Através do correio eletrônico, especialistas em geral, foram contatados. Grupos de desenvolvimento de software nos principais estados do Brasil, encaminharam o convite para participar da pesquisa a aproximadamente 40.000 usuários, segmentados como desenvolvedores e gerentes de projetos.

A pesquisa iniciou-se em 15 de junho de 2004, sendo que os dados para este trabalho foram extraídos em 30 de junho de 2004, totalizando 15 dias de coleta de dados. O tempo de 15 dias é relativamente curto para uma pesquisa dessa dimensão, porém com a quantidade atingida de dados, e a flexibilidade da lógica paraconsistente para realizar a análise dos dados, foram suficientes para se alcançar os objetivos aqui estabelecidos.

Pode-se ressaltar que nenhuma mensagem solicitando ajuda por não compreender o tema ou dificuldades em preencher o questionário foi recebida.

5.4 COLETA DE DADOS

Os dados da pesquisa foram armazenados num banco de dados, o que facilitou muito o trabalho para extração e tratamento dos dados.

Diante da estrutura criada para a pesquisa, e o objetivo de fornecer os dados para a análise, faz-se necessário a criação de regras para o tratamento desses dados.

Foram utilizados os princípios do Conhecimento Amálgama para criar as regras de tratamento dos dados (PRADO, 1996).

A técnica de amalgamamento (SUBRAHMANIAN, 1994) permite a integração das informações obtidas de múltiplas fontes. Estas fontes podem representar, de diferentes maneiras, os dados e os conhecimentos sobre diversos aspectos de um mesmo problema. Em (WIEDERHOLD, 1991) e (WIEDERHOLD, 1993) propõe-se um dispositivo chamado mediador que contém o conhecimento necessário para a união, o amalgamamento, de diversas fontes. O uso de uma linguagem baseada em lógica anotada para descrever o conhecimento contido em um mediador é introduzido em (ADALI, 1993). Este conhecimento é denominado Conhecimento Amálgama.

No entanto, as regras que serão aplicadas na análise necessitarão da função AVG (*Average*). Esta função é a média aritmética dos valores atribuídos para cada resposta e agrupados por tipo de função do pesquisado.

5.4.1 Tipos de Dados

Foram extraídos os seguintes tipos de dados:

- Quantidade de pesquisados;

- Quantidade de pesquisados por estado;

- Quantidade de pesquisados por função;

- Quantidade de pesquisados por experiência;

- Quantidade de pesquisados por tipo de empresa que atua;

- Média dos valores por resposta e agrupada por função.

5.5 Extração dos Dados

A seguir, os dados extraídos de acordo com as funções necessárias e especificadas. Porém a análise dos dados foi feita em duas etapas:

- Dados do pesquisado;

- Respostas das variáveis de risco.

Quanto aos dados do pesquisado, foram tabelados e feitos alguns comentários sobre a amostra.

Quanto aos dados das respostas das variáveis de risco, foram tabelados aqui e depois alimentados no software implementado com o algoritmo para-analisador. Será demonstrado ainda neste capítulo.

5.5.1 Quantidade de Pesquisados

Foram coletados ao todo 155 questionários, sendo que 1 foi excluído por falha no preenchimento (0,65% do total), totalizando 154 questionários válidos.

Tabela 19 – Quantidade de pesquisados.

Total	Excluídos	Válidos
155	1	154

5.5.2 Quantidade de Pesquisados por Estado

A distribuição geográfica dos pesquisados está relacionada ao âmbito da divulgação da pesquisa. Foram 7 estados da federação atingidos pela pesquisa, e São Paulo representou 83,1% dos pesquisados, reflexo da concentração de tecnologia e do *mailing list* dos grupos de desenvolvedores.

Tabela 20 – Distribuição geográfica dos pesquisados.

GO	MG	PR	RJ	RS	S C	S P	Total
6	2	4	4	2	8	128	154

5.5.3 Quantidade de Pesquisados por Função

A distribuição dos pesquisados por função, o maior grupo foi dos desenvolvedores de software com 44,1% dos questionários, os gerentes de projetos com 26% e as demais funções relacionadas ao desenvolvimento de projetos de software representaram 29,9%. O destaque para os desenvolvedores se faz pelo meio de divulgação e pela característica do *mailing list* utilizado.

Tabela 21 – Distribuição dos pesquisados por função.

Desenvolvedor	Gerente de Projetos	Outros	Total
68	40	46	154

5.5.4 Quantidade de Pesquisados por Experiência

Neste fator o que mais de destacou foi à experiência de mais de 3 anos por parte dos pesquisados na área de desenvolvimento de software, representando 63,6% da amostra.

Tabela 22 – Distribuição por experiência do pesquisado.

- de 1 ano	1 ano	2 anos	3 anos	+ 3 anos	Total
14	28	6	8	98	154

5.5.5 Quantidade de Pesquisados por Tipo de Empresa que Atua

Neste fator analisado, o destaque para os profissionais que atuam em empresas privadas, representando 79,2% da amostra.

Tabela 23 – Distribuição por atuação e ramo das empresas.

Privada	Pública	Governamental	Acadêmica	Total
122	8	8	16	154

5.5.6 Média dos Valores Média por Resposta e Agrupada por Função

Para este fator, cada especialista respondeu 36 questões e para cada uma delas foi atribuídos valores de 0 á 1. A análise destes dados será feita pelo para-analisador, porém aqui somente serão mostrados os dados extraídos.

5.5.6.1 Hardware com Performance Incompatível com a Aplicação Criada

Tabela 24 - Valores agrupados por função do item de risco n° 1.

Função	Média
Desenvolvedor	0,7
Gerente de projetos	0,6
Outros	0,7

5.5.6.2 Mudança de Plataforma ou Linguagem, Durante o Projeto

Tabela 25 - Valores agrupados por função do item de risco n° 2.

Função	Média
Desenvolvedor	0,5
Gerente de projetos	0,4
Outros	0,4

5.5.6.3 Falta de Motivação da Equipe

Tabela 26 - Valores agrupados por função do item de risco n° 3.

Função	Média
Desenvolvedor	0,8
Gerente de projetos	0,6
Outros	0,7

5.5.6.4 Rotatividade de Pessoal

Tabela 27 - Valores agrupados por função do item de risco nº 4.

Função	Média
Desenvolvedor	0,7
Gerente de projetos	0,6
Outros	0,7

5.5.6.5 Falta de Adoção de Modelagens Visuais para o Projeto

Tabela 28 - Valores agrupados por função do item de risco nº 5.

Função	Média
Desenvolvedor	0,7
Gerente de projetos	0,7
Outros	0,5

5.5.6.6 Falta de Adoção de Metodologias de Desenvolvimento

Tabela 29 - Valores agrupados por função do item de risco nº 6.

Função	Média
Desenvolvedor	0,8
Gerente de projetos	0,8
Outros	0,7

5.5.6.7 Falta de adoção de Normas ou Modelos de qualidade

Tabela 30 - Valores agrupados por função do item de risco n° 7.

Função	Média
Desenvolvedor	0,8
Gerente de projetos	0,8
Outros	0,6

5.5.6.8 Falta de Adoção de Metodologia de Gestão de Projetos

Tabela 31 - Valores agrupados por função do item de risco n° 8.

Função	Média
Desenvolvedor	0,8
Gerente de projetos	0,8
Outros	0,8

5.5.6.9 Não Utilização de Ferramentas de Controle de Requisitos

Tabela 32 - Valores agrupados por função do item de risco n° 9.

Função	Média
Desenvolvedor	0,8
Gerente de projetos	0,8
Outros	0,7

5.5.6.10 NÃO UTILIZAÇÃO DE FERRAMENTAS DE CONTROLE DE CONFIGURAÇÕES

Tabela 33 - Valores agrupados por função do item de risco n° 10.

Função	Média
Desenvolvedor	0,9
Gerente de projetos	0,8
Outros	0,6

5.5.6.11 NÃO UTILIZAÇÃO DE FERRAMENTAS PARA GESTÃO DE PROJETOS

Tabela 34 - Valores agrupados por função do item de risco n° 11.

Função	Média
Desenvolvedor	0,8
Gerente de projetos	0,6
Outros	0,7

5.5.6.12 REQUISITOS MAL DEFINIDOS, INCOMPLETOS OU MAL ENTENDIDOS

Tabela 35 - Valores agrupados por função do item de risco n° 12.

Função	Média
Desenvolvedor	0,9
Gerente de projetos	0,9
Outros	0,9

5.5.6.13 MUDANÇAS CONTÍNUAS DOS REQUISITOS

Tabela 36 - Valores agrupados por função do item de risco n° 13.

Função	Média
Desenvolvedor	0,7
Gerente de projetos	0,9
Outros	0,9

5.5.6.14 FALTA DE ENVOLVIMENTO DOS USUÁRIOS OU RESISTÊNCIA A MUDANÇAS

Tabela 37 - Valores agrupados por função do item de risco n° 14.

Função	Média
Desenvolvedor	0,8
Gerente de projetos	0,9
Outros	0,9

5.5.6.15 TEMPO DE DESENVOLVIMENTO DO PROJETO MAL ESTIMADO

Tabela 38 - Valores agrupados por função do item de risco n° 15.

Função	Média
Desenvolvedor	0,9
Gerente de projetos	0,9
Outros	0,9

5.5.6.16 CUSTOS DO DESENVOLVIMENTO DO PROJETO MAL ESTIMADOS

Tabela 39 - Valores agrupados por função do item de risco n° 16.

Função	Média
Desenvolvedor	0,9
Gerente de projetos	1,0
Outros	0,8

5.5.6.17 FALTA DE RECURSOS FINANCEIROS PARA CONTINUAR O PROJETO

Tabela 40 - Valores agrupados por função do item de risco n° 17.

Função	Média
Desenvolvedor	0,6
Gerente de projetos	0,6
Outros	0,6

5.5.6.18 EXPECTATIVAS POUCO REALISTAS DO CLIENTE QUANTO AO PROJETO

Tabela 41 - Valores agrupados por função do item de risco n° 18.

Função	Média
Desenvolvedor	0,7
Gerente de projetos	0,8
Outros	0,6

5.5.6.19 PLANEJAMENTO INADEQUADO OU INSUFICIENTE DO PROJETO

Tabela 42 - Valores agrupados por função do item de risco n° 19.

Função	Média
Desenvolvedor	0,7
Gerente de projetos	0,9
Outros	0,7

5.5.6.20 DESCONHECIMENTO DE TECNOLOGIAS NECESSÁRIAS PARA O PROJETO

Tabela 43 - Valores agrupados por função do item de risco n° 20.

Função	Média
Desenvolvedor	0,6
Gerente de projetos	0,6
Outros	0,5

5.5.6.21 MUDANÇAS CONTÍNUAS DOS OBJETIVOS E ESCOPO DO PROJETO

Tabela 44 - Valores agrupados por função do item de risco n° 21.

Função	Média
Desenvolvedor	0,6
Gerente de projetos	0,9
Outros	0,7

5.5.6.22 Não Utilização de Métricas no Projeto

Tabela 45 - Valores agrupados por função do item de risco nº 22.

Função	Média
Desenvolvedor	0,8
Gerente de projetos	0,7
Outros	0,7

5.5.6.23 Baixa Produtividade dos Envolvidos no Projeto

Tabela 46 - Valores agrupados por função do item de risco nº 23.

Função	Média
Desenvolvedor	0,6
Gerente de projetos	0,6
Outros	0,6

5.5.6.24 Problemas ou Atritos que Ocorrem Entre Clientes e Contratados

Tabela 47 - Valores agrupados por função do item de risco nº 24.

Função	Média
Desenvolvedor	0,5
Gerente de projetos	0,6
Outros	0,4

5.5.6.25 AUSÊNCIA DE PLANO DE TESTES NO PROJETO

Tabela 48 - Valores agrupados por função do item de risco n° 25.

Função	Média
Desenvolvedor	0,7
Gerente de projetos	0,9
Outros	0,6

5.5.6.26 OMISSÃO DE INFORMAÇÕES IMPORTANTES DURANTE O PROJETO

Tabela 49 - Valores agrupados por função do item de risco n° 26.

Função	Média
Desenvolvedor	0,8
Gerente de projetos	0,7
Outros	0,8

5.5.6.27 NÃO ADOÇÃO DE FERRAMENTAS DE PRODUTIVIDADE NA CODIFICAÇÃO

Tabela 50 - Valores agrupados por função do item de risco n° 27.

Função	Média
Desenvolvedor	0,7
Gerente de projetos	0,6
Outros	0,5

5.5.6.28 Não Adoção de Reuso de Código e Interfaces

Tabela 51 - Valores agrupados por função do item de risco n° 28.

Função	Média
Desenvolvedor	0,6
Gerente de projetos	0,5
Outros	0,4

5.5.6.29 Documentação do Projeto Ausente ou Incompleta

Tabela 52 - Valores agrupados por função do item de risco n° 29.

Função	Média
Desenvolvedor	0,9
Gerente de projetos	0,8
Outros	0,7

5.5.6.30 Falta de Históricos de Projetos Anteriores

Tabela 53 - Valores agrupados por função do item de risco n° 30.

Função	Média
Desenvolvedor	0,6
Gerente de projetos	0,6
Outros	0,6

5.5.6.31 Funcionários sem Treinamentos em Tecnologias de Ponta

Tabela 54 - Valores agrupados por função do item de risco n° 31.

Função	Média
Desenvolvedor	0,9
Gerente de projetos	0,7
Outros	0,6

5.5.6.32 Ambiente Organizacional Instável onde se Realiza o Projeto

Tabela 55 - Valores agrupados por função do item de risco n° 32.

Função	Média
Desenvolvedor	0,7
Gerente de projetos	0,6
Outros	0,6

5.5.6.33 Não Utilização da Técnica de Prototipação no Projeto

Tabela 56 - Valores agrupados por função do item de risco n° 33.

Função	Média
Desenvolvedor	0,9
Gerente de projetos	0,5
Outros	0,6

5.5.6.34 INSATISFAÇÃO DO CLIENTE PARA COM O SOFTWARE DESENVOLVIDO

Tabela 57 - Valores agrupados por função do item de risco n° 34.

Função	Média
Desenvolvedor	0,6
Gerente de projetos	0,8
Outros	0,7

5.5.6.35 QUANTIDADE DE PESSOAL INADEQUADA PARA O PORTE DO PROJETO

Tabela 58 - Valores agrupados por função do item de risco n° 35.

Função	Média
Desenvolvedor	0,8
Gerente de projetos	0,9
Outros	0,7

5.5.6.36 CONTRATO DE PRESTAÇÃO DE SERVIÇOS FALHO OU INCOMPLETO

Tabela 59 - Valores agrupados por função do item de risco n° 36.

Função	Média
Desenvolvedor	0,7
Gerente de projetos	0,8
Outros	0,7

5.6 CRIANDO REGRAS AMÁLGAMAS

Antes de iniciar a análise dos dados no para-analisador se faz necessário a criação de regras amálgamas, conforme Prado (PRADO,1996), por se tratarem de bases de dados heterogenias. Devido à flexibilidade da lógica e do conhecimento amálgama, várias regras podem ser criadas, inclusive outras regras diferentes do que serão mostradas neste trabalho.

5.6.1 Regra Amálgama nº 1 (RA 1)

Rn: =(u11,u21);

Rn = item de Risco	u11 = Evidência favorável	u21 = Evidência Contrária
sendo que:	u11:= AVG(E1);	u21:= (1-AVG(E2));
onde: AVG= média aritmética	E1 = Desenvolvedor	E2 = Gerente de Projetos

portanto:

$$Rn := (AVG(E1), (1-AVG(E2));$$

Equação 5.1 – Regra Amálgama nº 1

5.6.2 Regra Amálgama nº 2 (RA 2)

Rn:=(u12,u22);

Rn = item de Risco	u12 = Evidência favorável	u22 = Evidência Contrária
sendo que:	u12:= AVG(E2);	u22:= (1-AVG(E1));
onde: AVG = média aritmética	E1 = Desenvolvedor	E2 = Gerente de Projetos

portanto:

$$Rn:=(AVG(E2),(1-AVG(E1));$$

Equação 5.2 – Regra Amálgama nº 2

5.6.3 Regra Amálgama nº 3 (RA 3)

Rn:=(u13,u23);

Rn = item de Risco	u13 = Evidência favorável	u23 = Evidência Contrária
sendo que:	u13:= AVG(E3);	u23:= (1-AVG(E1));
onde: AVG= média aritmética	E1 = Desenvolvedor	E3 = Outros

portanto:

$$Rn:=(AVG(E3),(1-AVG(E1));$$

Equação 5.3 – Regra Amálgama nº 3

5.6.4 Regra Amálgama nº 4 (RA 4)

Rn:=(u14,u24);

Rn = item de Risco	u14 = Evidência favorável	u24 = Evidência Contrária
sendo que:	u14:= AVG(E3);	u24:= (1-AVG(E2));
onde: AVG= média aritmética	E3 = Outros	E2 = Gerente de Projetos

portanto:

$$Rn:=(AVG\,(E3)\,,(1-AVG(E2));$$

Equação 5.4 – Regra Amálgama nº 4

5.7 PARA-ANALISADOR

Nesta fase, será feito uma análise dos fatores de risco utilizando a Lógica Paraconsistente, através do para-analisador. Serão apresentadas todas as operações realizadas até a conclusão.

5.7.1 Para-Analisador - Passo nº 1

Regra de Maximização

(A) Maximização de RA1;RA2

onde: u1A: = max(u11;u12);   u2A: = min (u21;u22);

u1A = maior valor entre u11 e u12   u2A = menor valor entre u21 e u22

sendo que: RA1 = Regra amálgama Nº1   RA2 = Regra amálgama Nº2

onde: max = maior valor   min = menor valor

portanto :

$$Max(RA1;RA2):=(Max(u11;u12),Min\,(u21;u22));$$

Equação 5.5 – Para-Analisador - Passo nº 1

5.7.2 Para-Analisador - Passo nº 2

Regra de Maximização

(B) Maximização de RA3;RA4

onde: u1B: = max(u13;u14); u2B: = min (u23;u24);

u1B = maior valor entre u13 e u14 u2B = menor valor entre u23 e u24

sendo que: RA3 = Regra amálgama N°3 RA4 = Regra amálgama N°4

onde: max = maior valor min = menor valor

portanto:

$$\boxed{\text{Max(RA3;RA4):=(Max(u13;u14), Min(u23;u24));}}$$

Equação 5.6 – Para-Analisador - Passo nº 2

5.7.3 Para-Analisador - Passo nº 3

Regra de Minimização

(A and B) Minimização de A;B

onde: u1R: = min (u1A;u1B); u2R: = max (u2A;u2B);

u1R = menor valor entre u1A e u1B u2R = maior valor entre u2A e u2B

sendo que: A = Maximização de RA1;RA2 B = Maximização de RA3;RA4

onde: RA1 = Regra amálgama N°1 RA3 = Regra amálgama N°3

RA2 = Regra amálgama N°2 RA4 = Regra amálgama N°4

min = menor valor max = maior valor

portanto:

$$\boxed{\text{Min(A;B)}:=(\min(\text{u1A};\text{u1B}), \max(\text{u2A};\text{u2B}));}$$

Equação 5.7 – Para-Analisador - Passo nº 3

5.7.4 Para-Analisador - Passo nº 4

Grau de Certeza

Gcerteza: = u1R - u2R;

onde: u1R: = min (u1A;u1B);   u2R: = max (u2A;u2B);

portanto:

$$\boxed{\text{Gcerteza}:=(\min(\text{u1A};\text{u1B}) - \max(\text{u2A};\text{u2B}));}$$

Equação 5.8 – Para-Analisador - Passo nº 4

5.7.5 Para-Analisador - Passo nº 5

Grau de Contradição

Gcontr: = u1R + u2R -1;

onde: u1R: = min (u1A;u1B);   u2R: = max (u2A;u2B);

portanto:

$$\boxed{\text{Gcontr}:=(\min(\text{u1A};\text{u1B}) + \max(\text{u2A};\text{u2B}) -1);}$$

Equação 5.9 – Para-Analisador - Passo nº 5

5.7.6 Para-Analisador - Passo nº 6

Conclusão sobre a Preposição.

Quanto ao Grau de Certeza

Vscc = Valor superior de controle de certeza = C1 = 0,5

Vicc = Valor inferior de controle de certeza = C2 = - 0,5

Se Gcerteza >= C1= Verdadeiro

Se Gcerteza < C1 e > C2 = Indefinição

Se Gcerteza <=C2= Falso

Quanto ao Grau de Contradição

Vscct = Valor superior de controle de contradição = C3 = 0,5

Vicct = Valor inferior de controle de contradição = C4 = - 0,5

Se Gcontrad >= C3= Inconsistente

Se Gcontrad < C3 e > C4 = Indefinição

Se Gcontrad <=C4= Paracompleto

5.8 ANÁLISE E CONCLUSÃO PELO PARA-ANALISADOR

Para a utilização do algoritmo para-analisador, foi desenvolvido um software com os devidos requisitos para esta aplicação. Foram adicionadas as regras amálgamas no software e inseridos os dados.

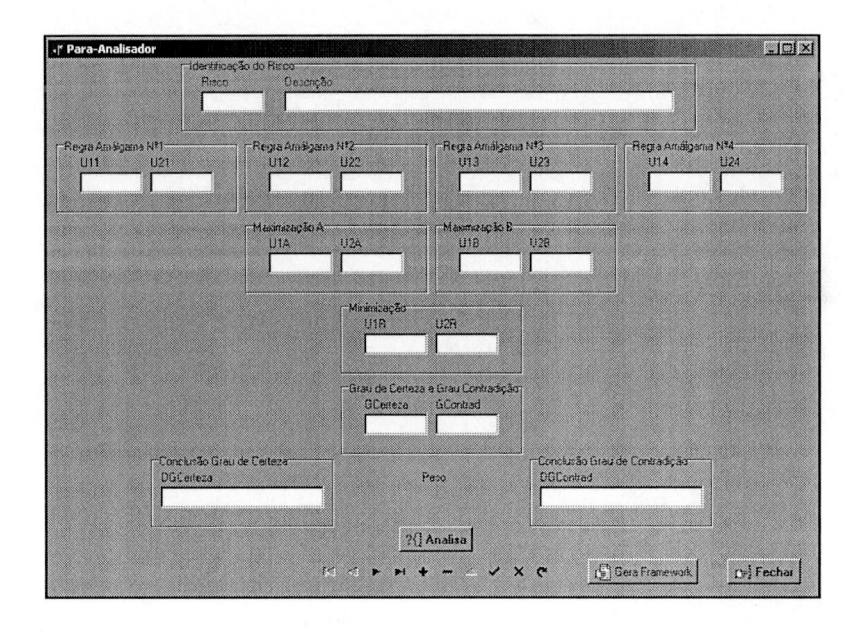

Figura 5.3 *– Tela do Para-Analisador desenvolvido para tratar os riscos.*

Os resultados da análise pelo para-analisador serão apresentados a seguir juntamente com o fator de risco correspondente e seu gráfico.

5.8.1 Análise Fator de Risco Nº 1

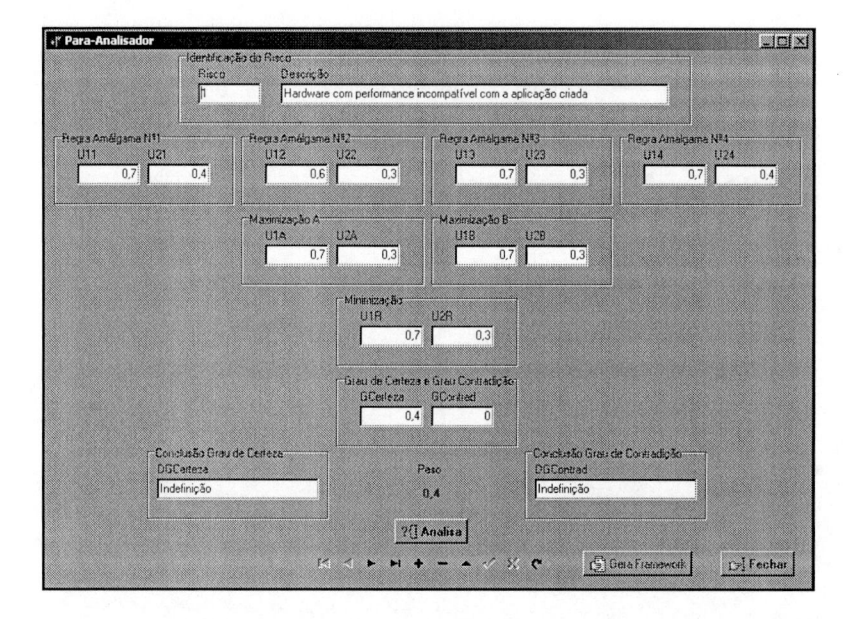

Figura 5.4 – Análise Fator de Risco Nº 1.

Conclusões:

Grau de Certeza = 0,4 = Indefinição (Procurar novas evidências)

Grau de Contradição = 0,0 = Indefinição (Procurar novas evidências)

Análise:

Apesar do grau de contradição ser igual a zero, o grau de certeza (0,4) está abaixo do limite estabelecido, não é possível afirmar com certeza que a proposição é verdadeira. O resultado requer a realização de nova pesquisa junto aos especialistas ou criação de regras amálgamas alternativas com atribuição de mais peso para um determinado especialista.

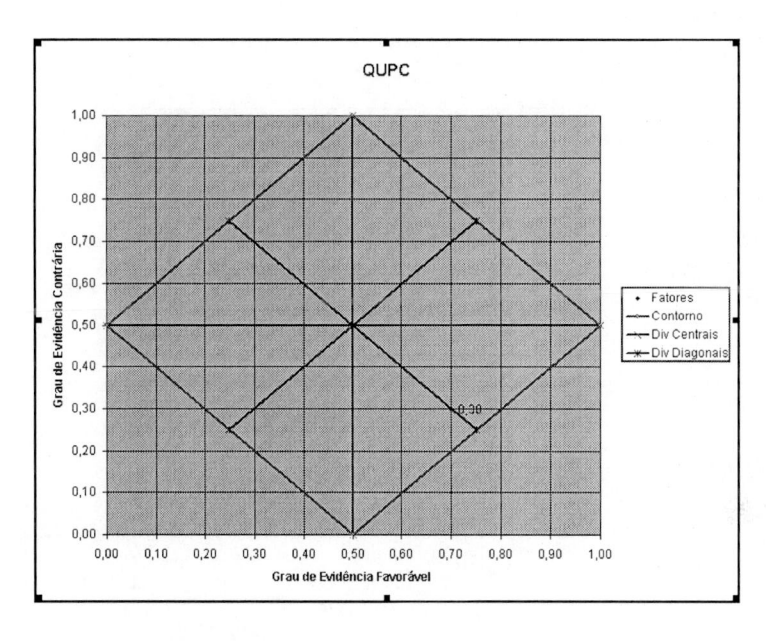

Gráfico 5.1 – *Análise Fator de Risco Nº 1.*

Análise no QUPC:

Posição no Reticulado = (0.7, 0.3)

Decisão:

Quase Paracompleto tendendo ao Verdadeiro.

Classificação no Framework:

Não Classificado.

Peso Atribuído:

Zero.

5.8.2 Análise Fator de Risco Nº 2

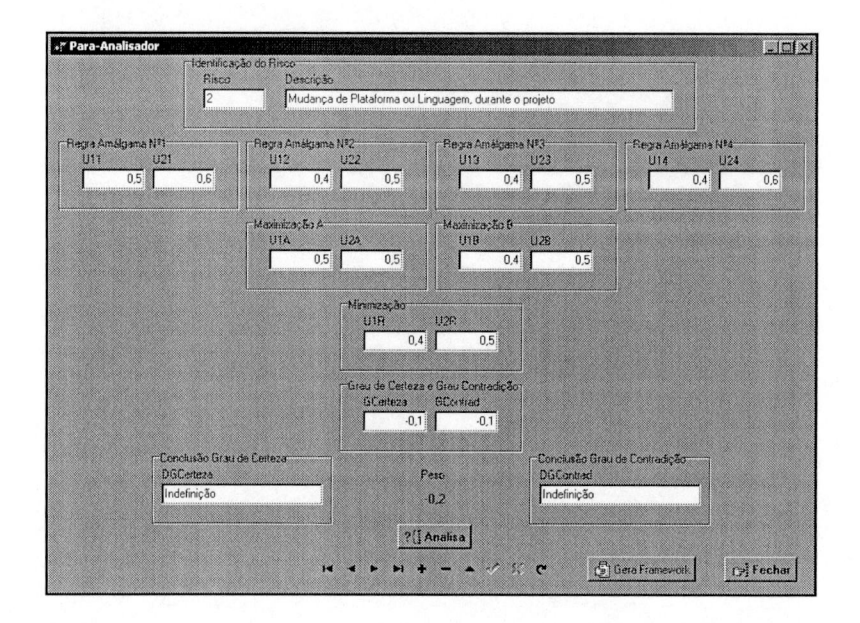

Figura 5.5 – *Análise Fator de Risco Nº 2.*

Conclusões:

Grau de Certeza = -0,1 = Indefinição (Procurar novas evidências)

Grau de Contradição = -0,1 = Indefinição (Procurar novas evidências)

Análise:

Apesar do grau de contradição ser igual a -0.1 (baixo), o grau de certeza (-0.1) está muito abaixo do limite estabelecido; não é possível concluir com certeza se a proposição é falsa. O resultado requer a realização de nova pesquisa junto aos especialistas ou criação de regras amálgamas alternativas com atribuição de mais peso para um determinado especialista.

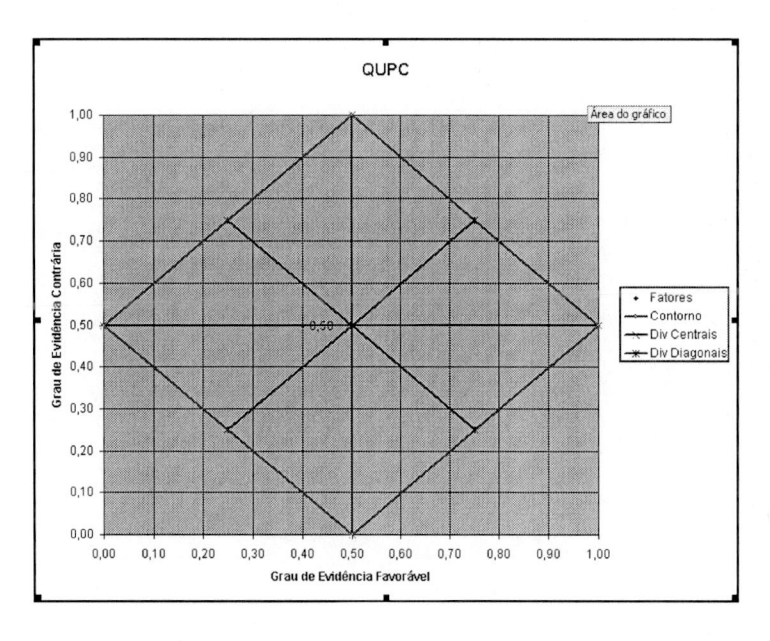

Gráfico 5.2 *– Análise Fator de Risco Nº 2.*

Análise no QUPC:

Posição no Reticulado = (0.4, 0.5)

Decisão:

Quase Falso tendendo ao Paracompleto.

Classificação no Framework:

Não Classificado.

Peso Atribuído:

Zero.

5.8.3 Análise Fator de Risco Nº 3

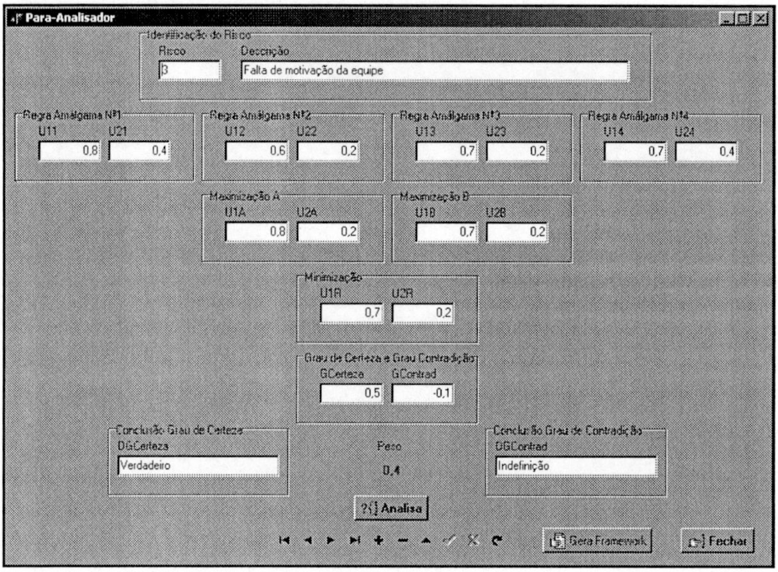

Figura 5.6 – Análise Fator de Risco Nº 3.

Conclusões:

Grau de Certeza = 0,5 = Verdadeiro

Grau de Contradição = -0,1 = Indefinição (Baixo grau)

Análise:

Apesar do grau de contradição ser igual a -0.1 (baixo), o grau de certeza (0.5) ser igual ao limite estabelecido, é possível concluir que a proposição é verdadeira.

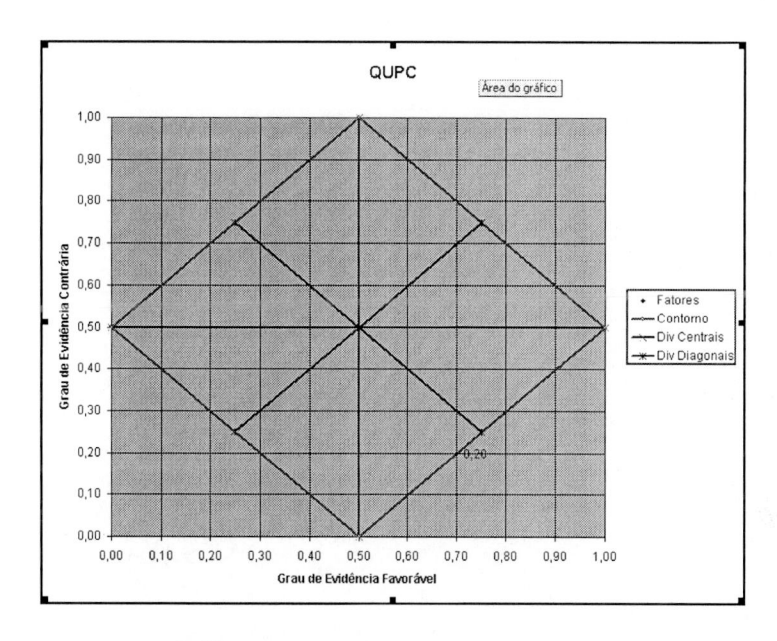

Gráfico 5.3 – *Análise Fator de Risco Nº 3.*

Análise no QUPC:

Posição no Reticulado = (0.7, 0.2)

Decisão:

Verdadeiro

Classificação no Framework:

17º

Peso Atribuído:

0.4

5.8.4 Análise Fator de Risco Nº 4

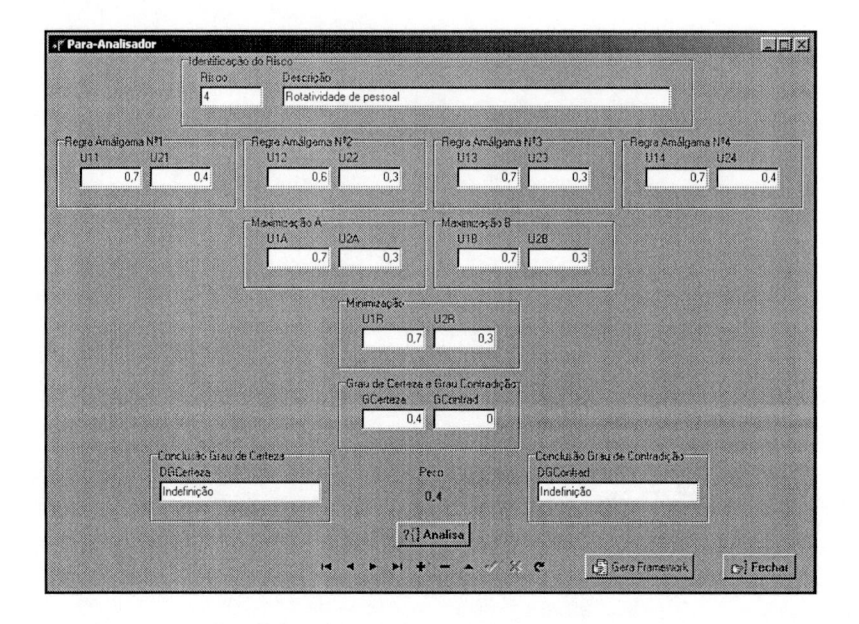

Figura 5.7 – *Análise Fator de Risco Nº 4.*

Conclusões:

Grau de Certeza = 0,4 = Indefinição (Procurar novas evidências)

Grau de Contradição = 0,0 = Indefinição (Procurar novas evidências)

Análise:

Apesar do grau de contradição ser igual a zero, o grau de certeza (0.4) está abaixo do limite estabelecido, não é possível afirmar com certeza que a proposição é verdadeira. O resultado requer a realização de nova pesquisa junto aos especialistas ou criação de regras amálgamas alternativas com atribuição de mais peso para um determinado especialista.

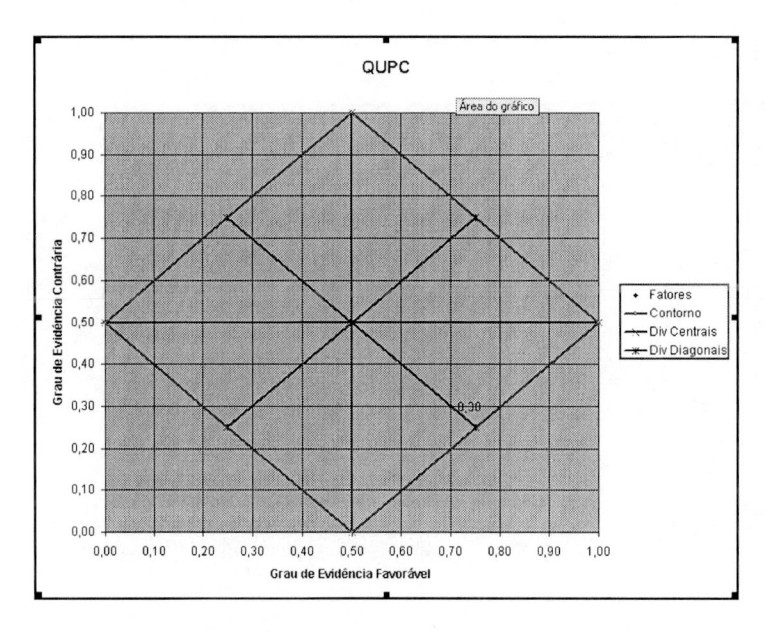

Gráfico 5.4 – Análise Fator de Risco Nº 4.

Análise no QUPC:

Posição no Reticulado = (0.7, 0.3)

Decisão:

Quase Paracompleto tendendo ao Verdadeiro.

Classificação no Framework:

Não Classificado.

Peso Atribuído:

Zero.

5.8.5 Análise Fator de Risco Nº 5

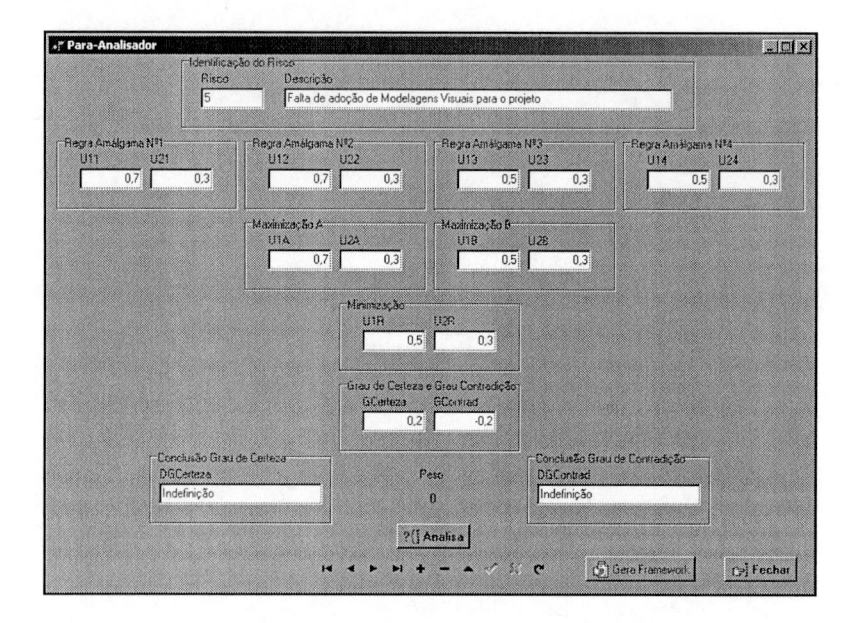

Figura 5.8 – Análise Fator de Risco Nº 5.

Conclusões:

Grau de Certeza = 0,2 = Indefinição (Procurar novas evidências)

Grau de Contradição = -0,2 = Indefinição (Procurar novas evidências)

Análise:

Apesar do grau de contradição ser igual a -0.2, o grau de certeza (0.2) está muito abaixo do limite estabelecido, não é possível afirmar com certeza que a proposição é falsa. O resultado requer a realização de nova pesquisa junto aos especialistas ou criação de regras amálgamas alternativas com atribuição de mais peso para um determinado especialista.

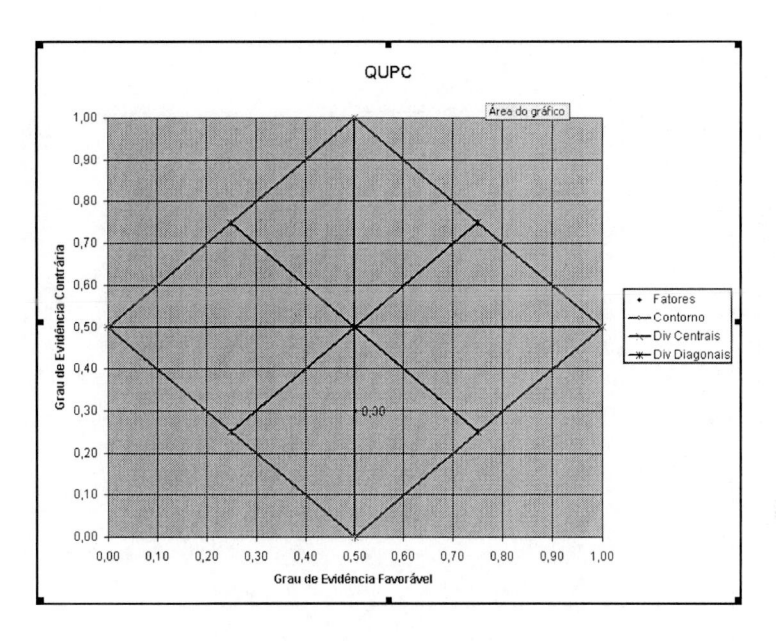

Gráfico 5.5 – *Análise Fator de Risco Nº 5.*

Análise no QUPC:

Posição no Reticulado = (0.5, 0.3)

Decisão:

Quase Paracompleto tendendo ao Falso.

Classificação no Framework:

Não Classificado.

Peso Atribuído:

Zero.

5.8.6 Análise Fator de Risco Nº 6

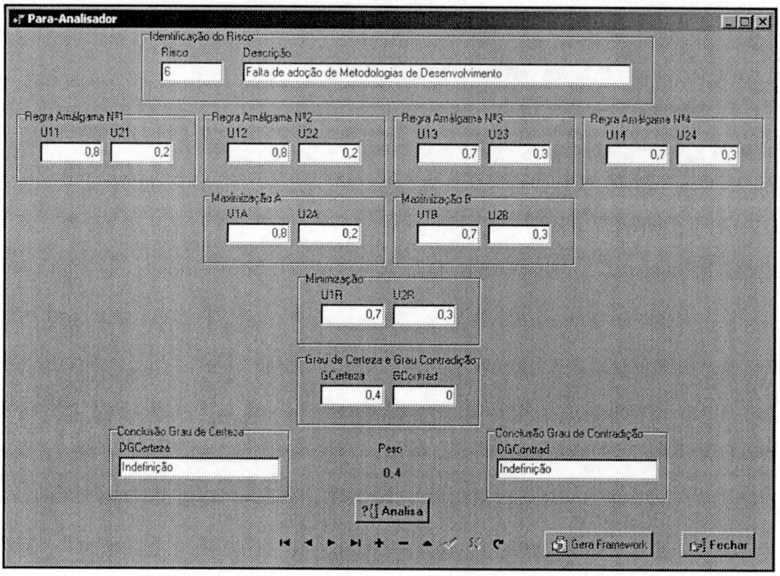

Figura 5.9 – Análise Fator de Risco Nº 6.

Conclusões:

Grau de Certeza = 0,4 = Indefinição (Procurar novas evidências)

Grau de Contradição = 0,0 = Indefinição (Procurar novas evidências)

Análise:

Apesar do grau de contradição ser igual a zero, o grau de certeza (0.4) está abaixo do limite estabelecido, não é possível afirmar com certeza que a proposição é verdadeira. O resultado requer a realização de nova pesquisa junto aos especialistas ou criação de regras amálgamas alternativas com atribuição de mais peso para um determinado especialista.

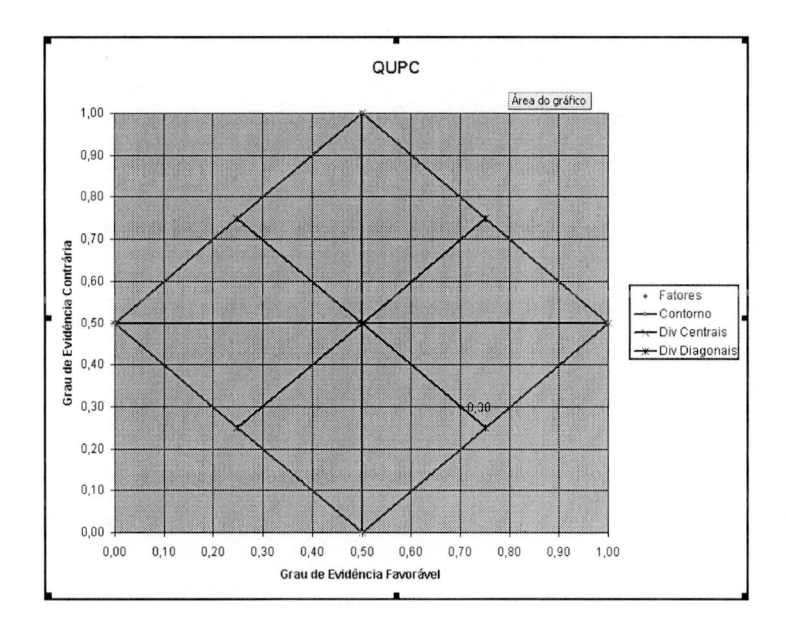

Gráfico 5.6 – *Análise Fator de Risco Nº 6.*

Análise no QUPC:

Posição no Reticulado = (0.7, 0.3)

Decisão:

Quase Paracompleto tendendo ao Verdadeiro.

Classificação no Framework:

Não Classificado.

Peso Atribuído:

Zero.

5.8.7 Análise Fator de Risco Nº 7

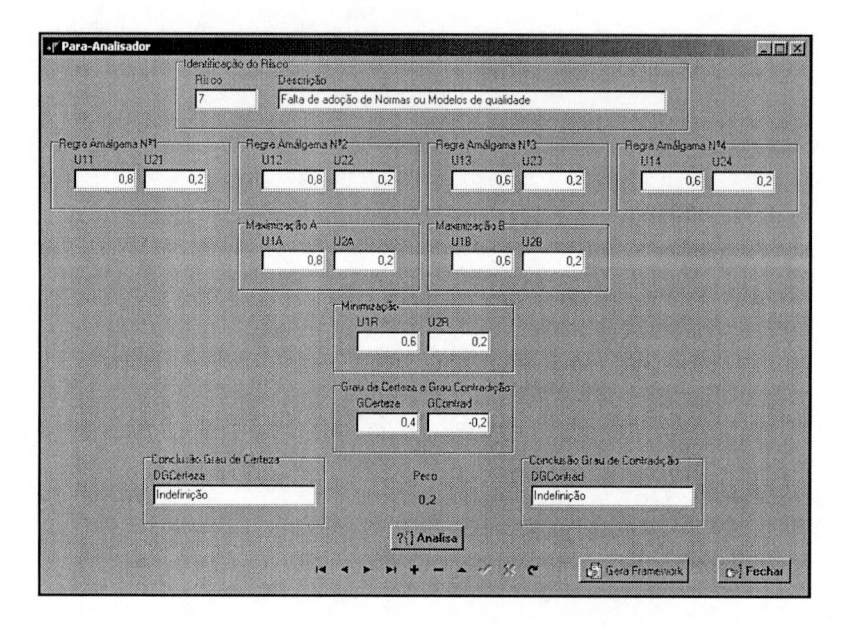

Figura 5.10 – *Análise Fator de Risco Nº 7.*

Conclusões:

Grau de Certeza = 0,4 = Indefinição (Procurar novas evidências)

Grau de Contradição = -0,2 = Indefinição (Procurar novas evidências)

Análise:

Apesar do grau de contradição ser igual -0.2, o grau de certeza (0.4) está abaixo do limite estabelecido, não é possível afirmar com certeza que a proposição é verdadeira. O resultado requer a realização de nova pesquisa junto aos especialistas ou criação de regras amálgamas alternativas com atribuição de mais peso para um determinado especialista.

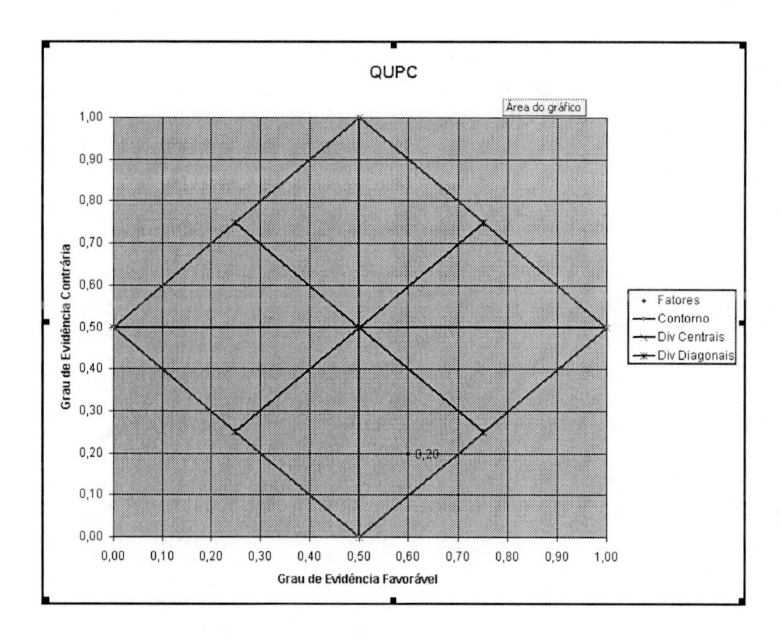

Gráfico 5.7 – *Análise Fator de Risco Nº 7.*

Análise no QUPC:

Posição no Reticulado = (0.6, 0.2)

Decisão:

Quase Paracompleto tendendo ao Verdadeiro.

Classificação no Framework:

Não Classificado.

Peso Atribuído:

Zero.

5.8.8 Análise Fator de Risco Nº 8

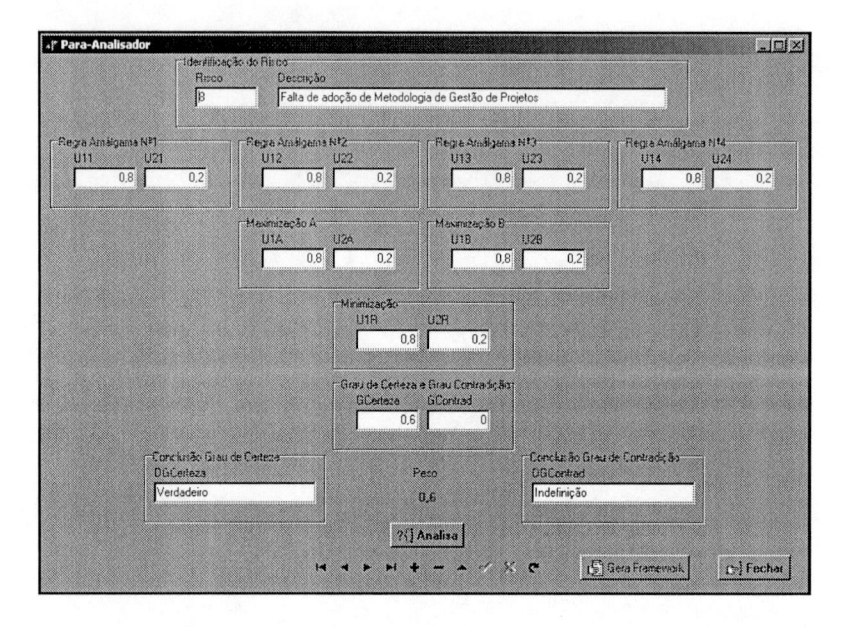

Figura 5.11 – *Análise Fator de Risco Nº 8.*

Conclusões:

Grau de Certeza = 0,6 = Verdadeiro

Grau de Contradição = 0,0 = Indefinição

Análise:

Apesar do grau de contradição ser igual a zero, o grau de certeza (0.6) ser maior que o limite estabelecido, é possível concluir que a proposição é verdadeira.

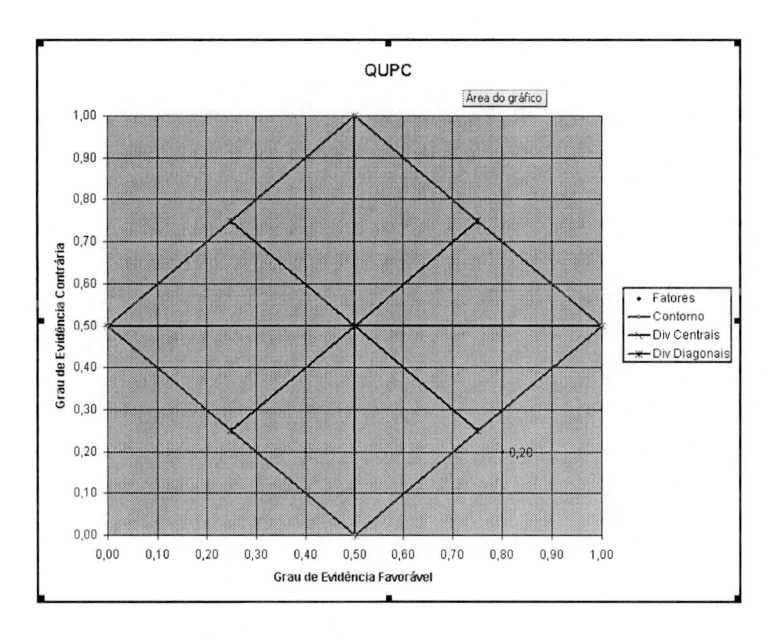

Gráfico 5.8 – *Análise Fator de Risco Nº 8.*

Análise no QUPC:

Posição no Reticulado = (0.8, 0.2)

Decisão:

Verdadeiro

Classificação no Framework:

6º

Peso Atribuído:

0.6

5.8.9 Análise Fator de Risco Nº 9

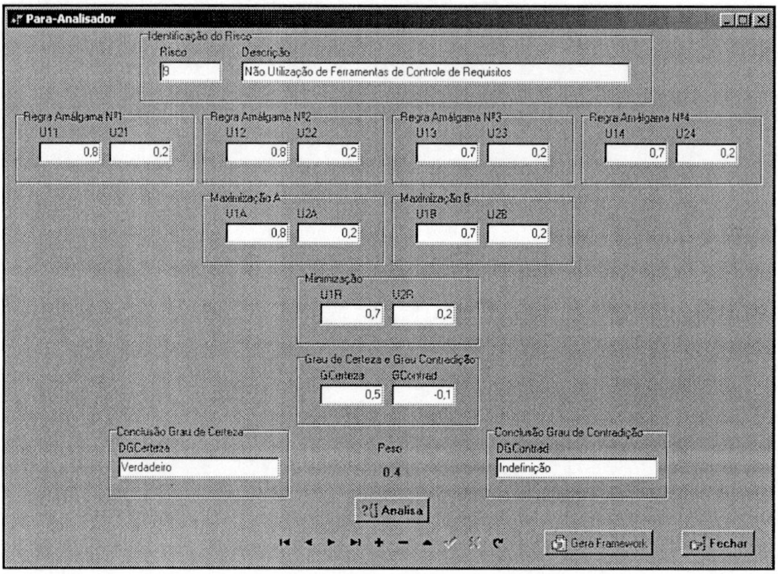

Figura 5.12 – *Análise Fator de Risco Nº 9.*

Conclusões:

Grau de Certeza = 0,5 = Verdadeiro

Grau de Contradição = -0,1 = Indefinição

Análise:

Apesar do grau de contradição ser igual a -0.1 (baixo), o grau de certeza (0.5) ser igual ao o limite estabelecido, é possível concluir que a proposição é verdadeira.

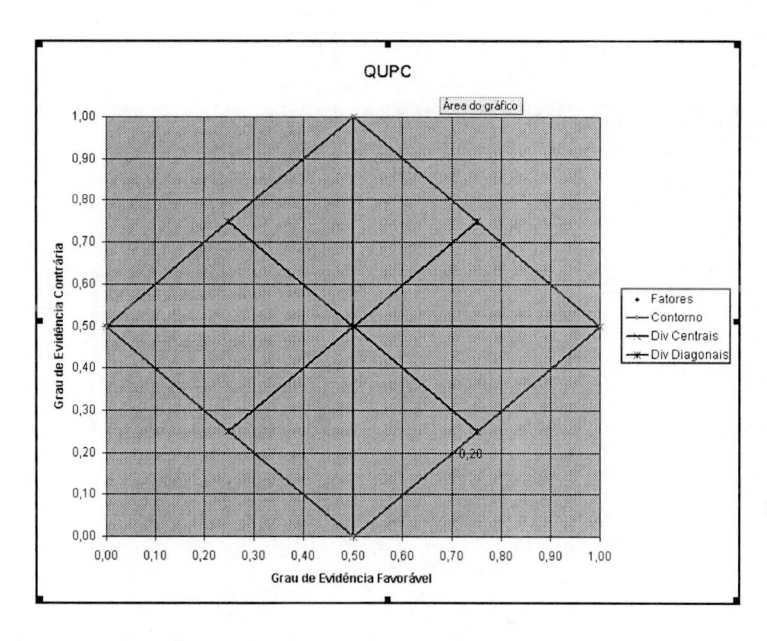

Gráfico 5.9 – Análise Fator de Risco Nº 9.

Análise no QUPC:

Posição no Reticulado = (0.7, 0.2)

Decisão:

Verdadeiro

Classificação no Framework:

8º

Peso Atribuído:

0.4

5.8.10 Análise Fator de Risco Nº 10

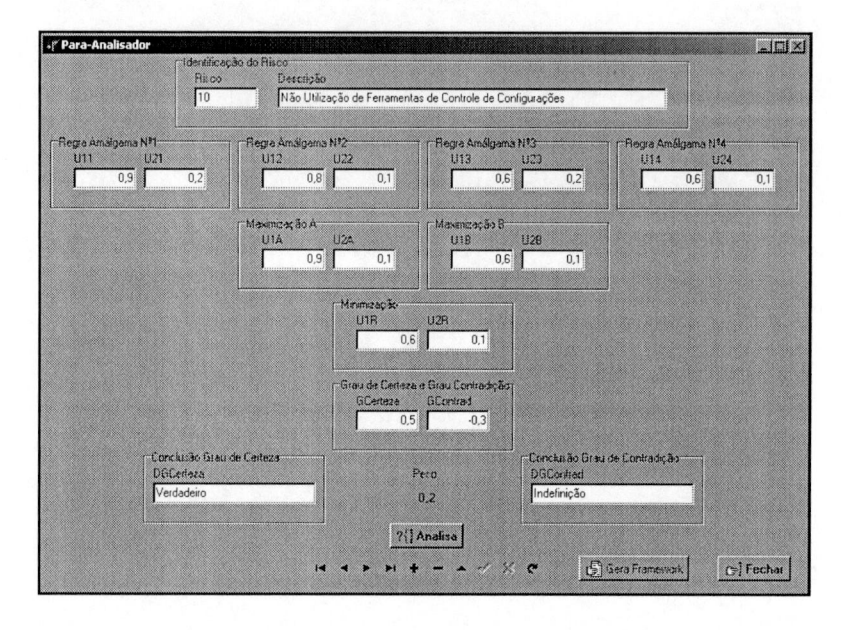

Figura 5.13 – Análise Fator de Risco Nº 10.

Conclusões:

Grau de Certeza = 0,5 = Verdadeiro

Grau de Contradição = -0,3 = Indefinição

Análise:

Apesar do grau de contradição ser igual a -0.3 (baixo), o grau de certeza (0.5) ser igual ao o limite estabelecido, é possível concluir que a proposição é verdadeira.

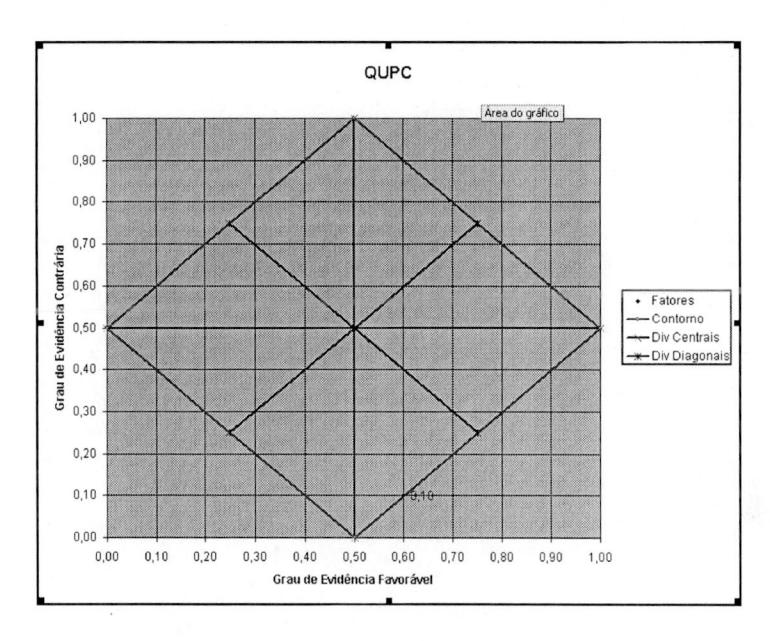

Gráfico 5.10 – *Análise Fator de Risco Nº 10.*

Análise no QUPC:

Posição no Reticulado = (0.6, 0.1)

Decisão:

Verdadeiro

Classificação no Framework:

21º

Peso Atribuído:

0.2

5.8.11 Análise Fator de Risco Nº 11

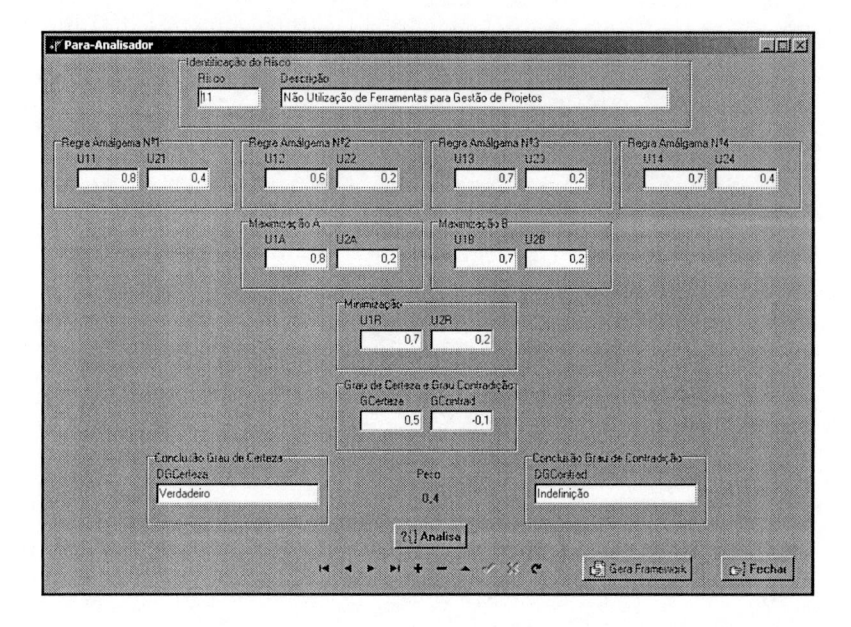

Figura 5.14 – Análise Fator de Risco Nº 11.

Conclusões:

Grau de Certeza = 0,5 = Verdadeiro

Grau de Contradição = -0,1 = Indefinição

Análise:

Apesar do grau de contradição ser igual a -0.1 (baixo), o grau de certeza (0.5) ser igual ao o limite estabelecido, é possível concluir que a proposição é verdadeira.

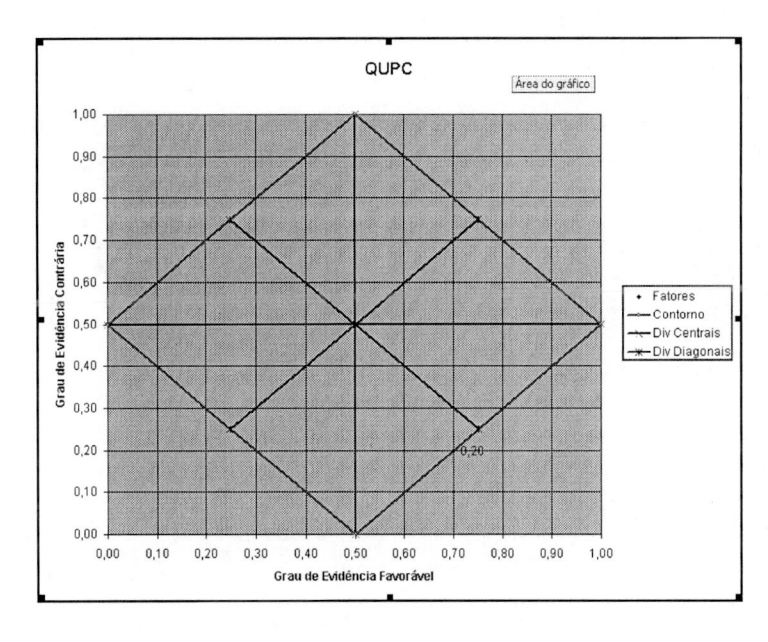

Gráfico 5.11 – Análise Fator de Risco Nº 11.

Análise no QUPC:

Posição no Reticulado = (0.7, 0.2)

Decisão:

Verdadeiro

Classificação no Framework:

9º

Peso Atribuído:

0.4

5.8.12 Análise Fator de Risco Nº 12

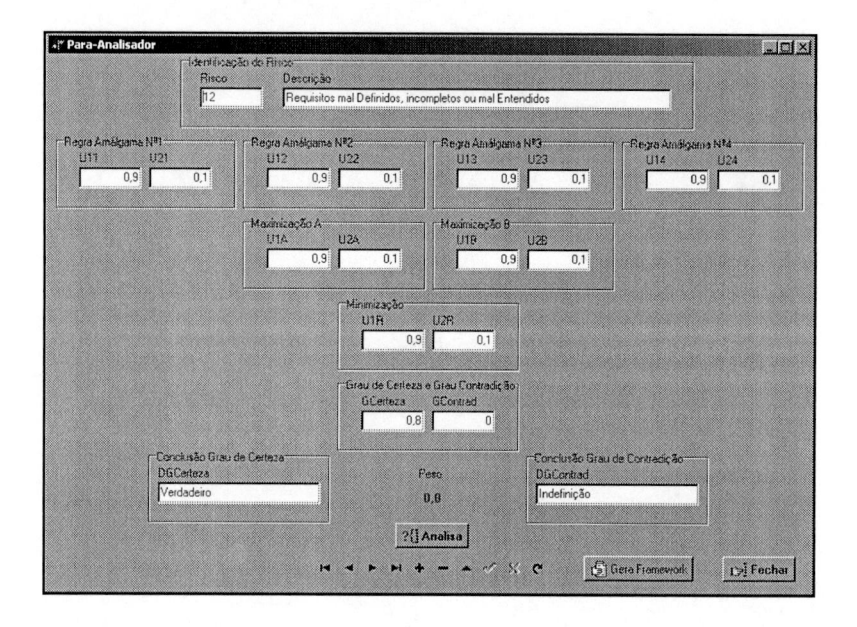

Figura 5.15 – *Análise Fator de Risco Nº 12.*

Conclusões:

Grau de Certeza = 0,8 = Verdadeiro

Grau de Contradição = 0,0 = Indefinição

Análise:

Apesar do grau de contradição ser igual a 0.0 (baixo), o grau de certeza (0.8) ser maior que o limite estabelecido, é possível concluir que a proposição é verdadeira.

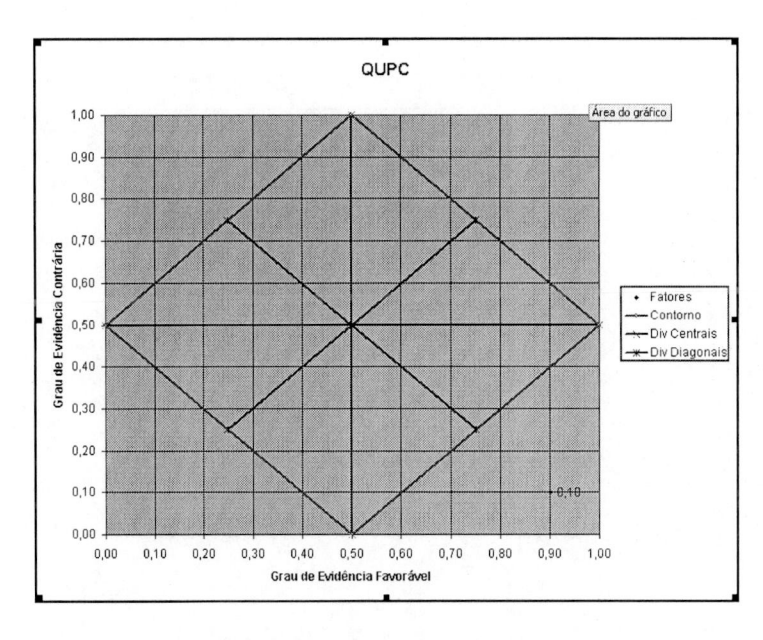

Gráfico 5.12 – Análise Fator de Risco Nº 12.

Análise no QUPC:

Posição no Reticulado = (0.9, 0.1)

Decisão:

Verdadeiro

Classificação no Framework:

1º

Peso Atribuído:

0.8

5.8.13 Análise Fator de Risco Nº 13

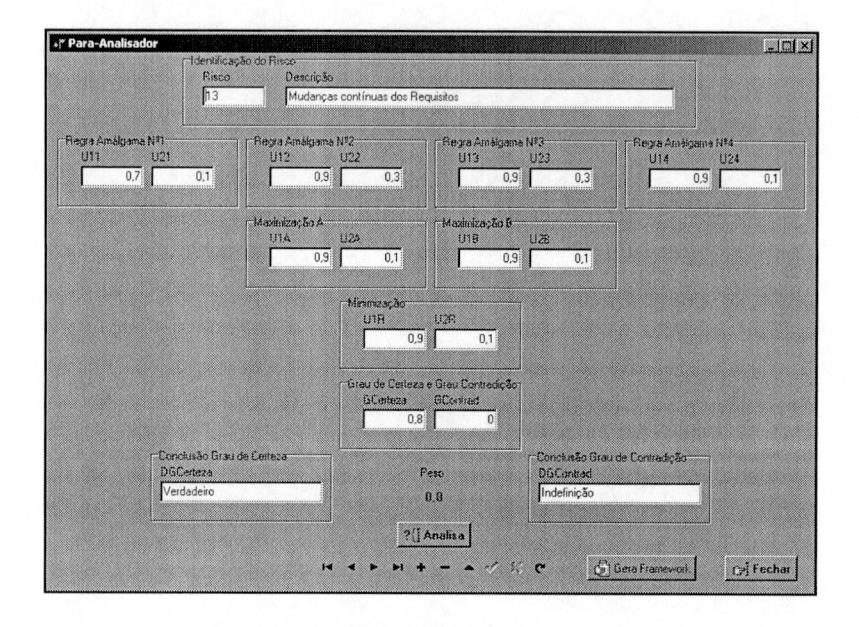

Figura 5.16 – *Análise Fator de Risco Nº 13.*

Conclusões:

Grau de Certeza = 0,8 = Verdadeiro

Grau de Contradição = 0,0 = Indefinição

Análise:

Apesar do grau de contradição ser igual a 0.0 (baixo), o grau de certeza (0.8) ser maior que o limite estabelecido, é possível concluir que a proposição é verdadeira.

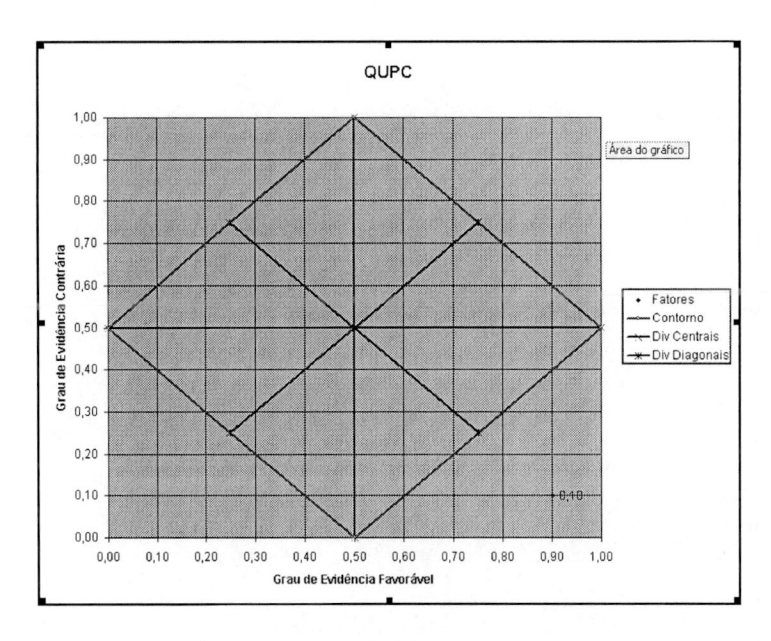

Gráfico 5.13 – *Análise Fator de Risco Nº 13.*

Análise no QUPC:

Posição no Reticulado = (0.9, 0.1)

Decisão:

Verdadeiro

Classificação no Framework:

2º

Peso Atribuído:

0.8

5.8.14 Análise Fator de Risco Nº 14

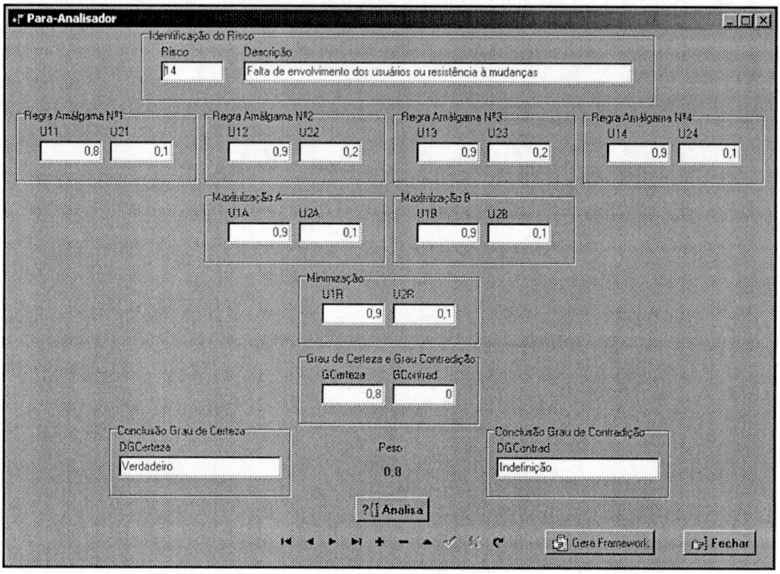

Figura 5.17 – Análise Fator de Risco Nº 14.

Conclusões:

Grau de Certeza = 0,8 = Verdadeiro

Grau de Contradição = 0,0 = Indefinição

Análise:

Apesar do grau de contradição ser igual a 0.0 (baixo), o grau de certeza (0.8) ser maior que o limite estabelecido, é possível concluir que a proposição é verdadeira.

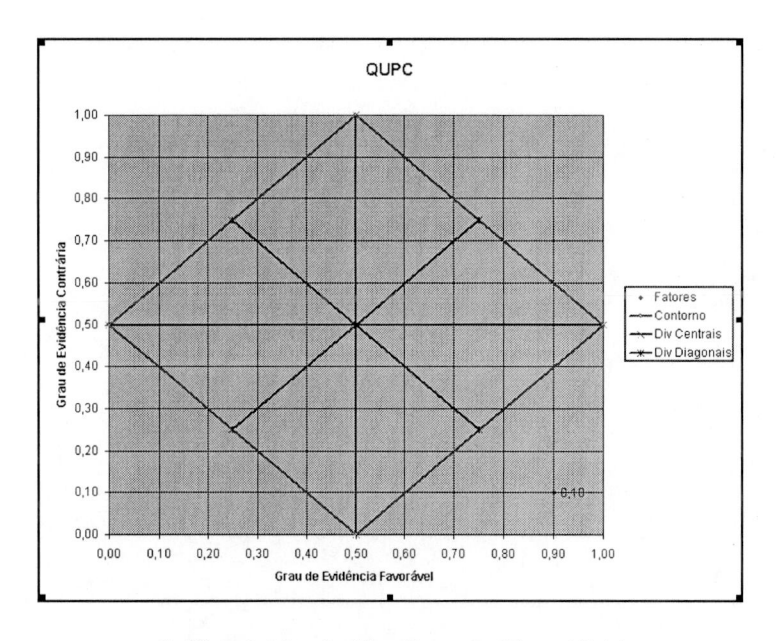

Gráfico 5.14 – Análise Fator de Risco Nº 14.

Análise no QUPC:

Posição no Reticulado = (0.9, 0.1)

Decisão:

Verdadeiro

Classificação no Framework:

3º

Peso Atribuído:

0.8

5.8.15 Análise Fator de Risco Nº 15

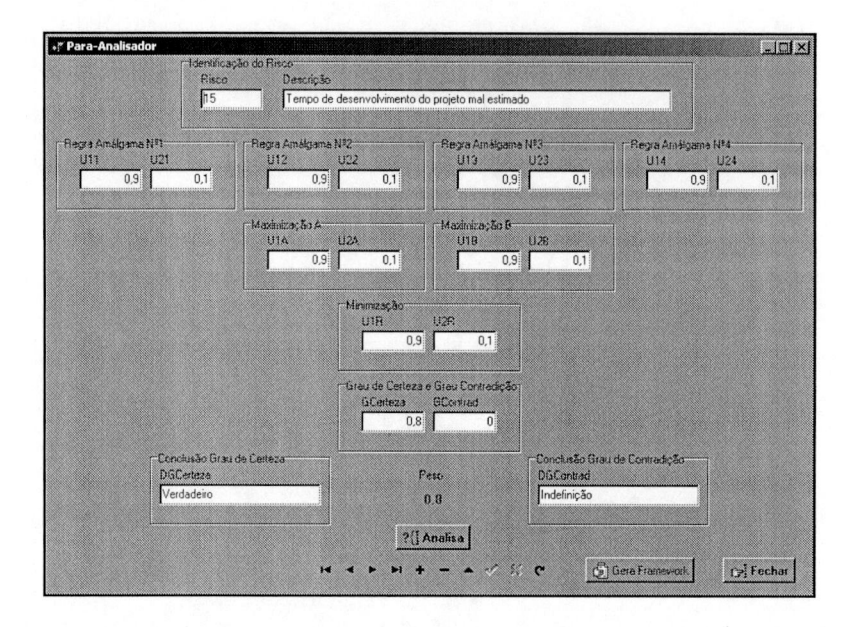

Figura 5.18 – *Análise Fator de Risco Nº 15.*

Conclusões:

Grau de Certeza = 0,8 = Verdadeiro

Grau de Contradição = 0,0 = Indefinição

Análise:

Apesar do grau de contradição ser igual a 0.0 (baixo), o grau de certeza (0.8) ser maior que o limite estabelecido, é possível concluir que a proposição é verdadeira.

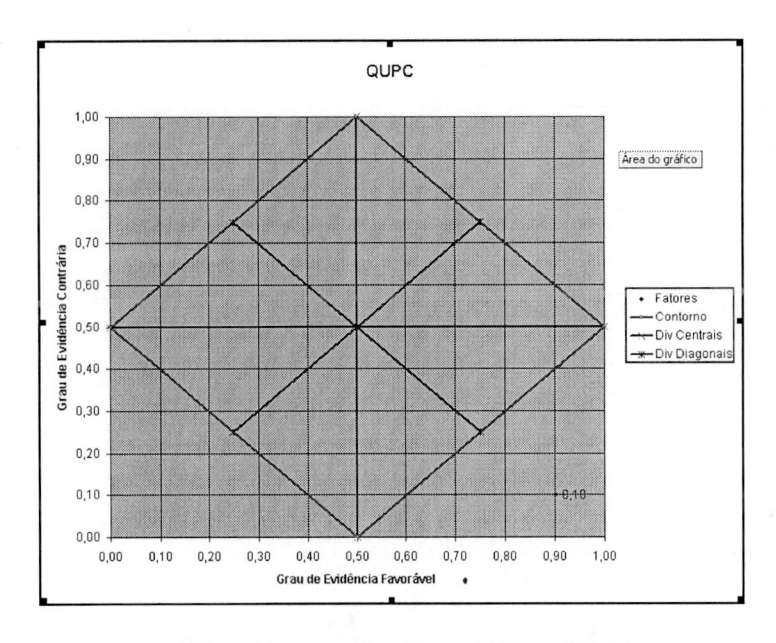

Gráfico 5.15 – Análise Fator de Risco Nº 15.

Análise no QUPC:

Posição no Reticulado = (0.9, 0.1)

Decisão:

Verdadeiro

Classificação no Framework:

4º

Peso Atribuído:

0.8

5.8.16 Análise Fator de Risco Nº 16

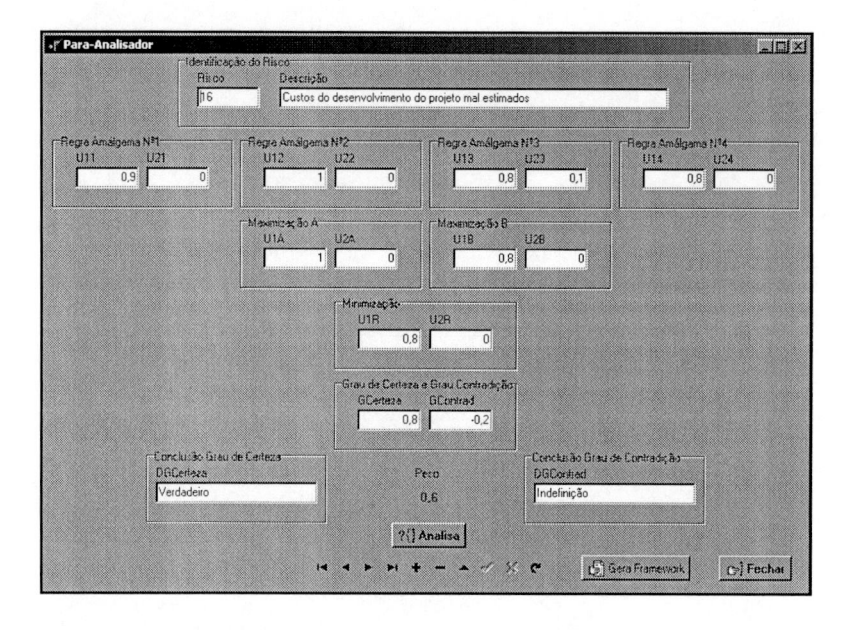

Figura 5.19 – *Análise Fator de Risco Nº 16.*

Conclusões:

Grau de Certeza = 0,8 = Verdadeiro

Grau de Contradição = -0,2 = Indefinição

Análise:

Apesar do grau de contradição ser igual a -0.2 (baixo), o grau de certeza (0.8) ser maior que o limite estabelecido, é possível concluir que a proposição é verdadeira.

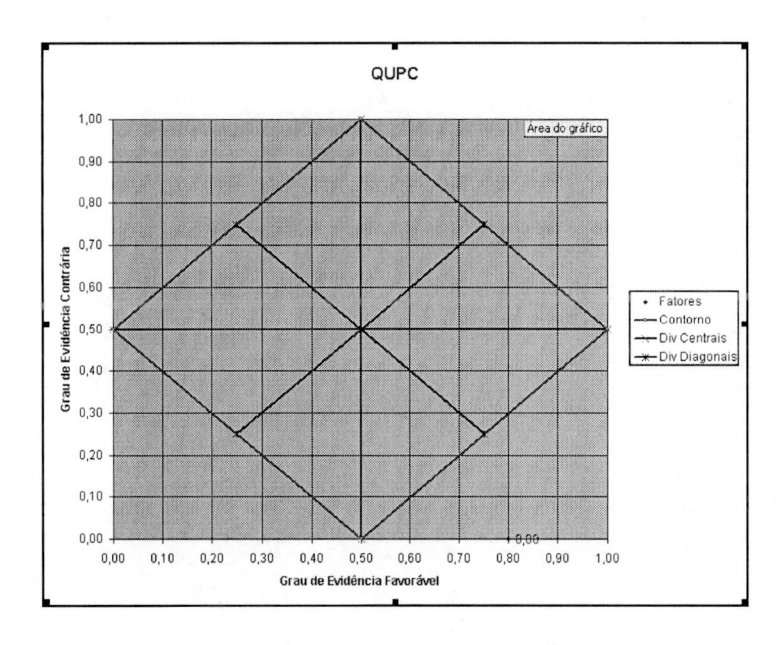

Gráfico 5.16 – Análise Fator de Risco Nº 16.

Análise no QUPC:

Posição no Reticulado = (0.8, 0.0)

Decisão:

Verdadeiro

Classificação no Framework:

5º

Peso Atribuído:

0.6

5.8.17 Análise Fator de Risco Nº 17

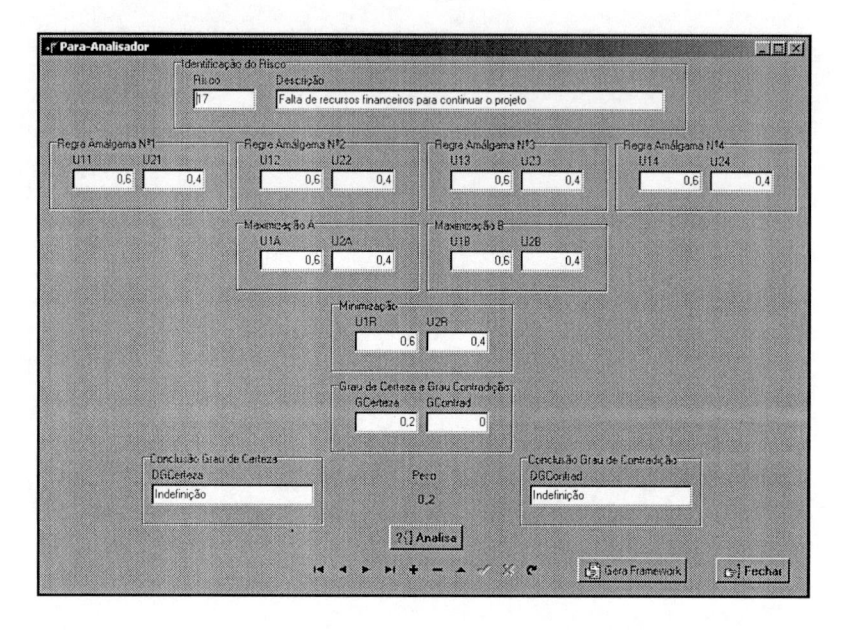

Figura 5.20 – Análise Fator de Risco Nº 17.

Conclusões:

Grau de Certeza = 0,2 = Indefinição (Procurar novas evidências)

Grau de Contradição = 0,0 = Indefinição (Procurar novas evidências)

Análise:

Apesar do grau de contradição ser igual a zero, o grau de certeza (0.2) está abaixo do limite estabelecido, não é possível afirmar com certeza que a proposição é verdadeira. O resultado requer a realização de nova pesquisa junto aos especialistas ou criação de regras amálgamas alternativas com atribuição de mais peso para um determinado especialista.

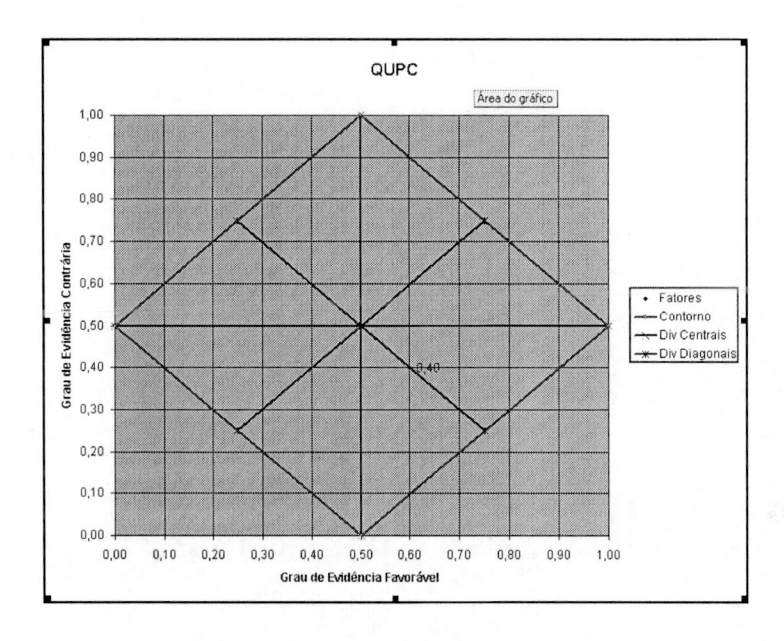

Gráfico 5.17 *– Análise Fator de Risco Nº 17.*

Análise no QUPC:

Posição no Reticulado = (0.6, 0.4)

Decisão:

Quase Paracompleto tendendo ao Verdadeiro.

Classificação no Framework:

Não Classificado.

Peso Atribuído:

Zero.

5.8.18 Análise Fator de Risco Nº 18

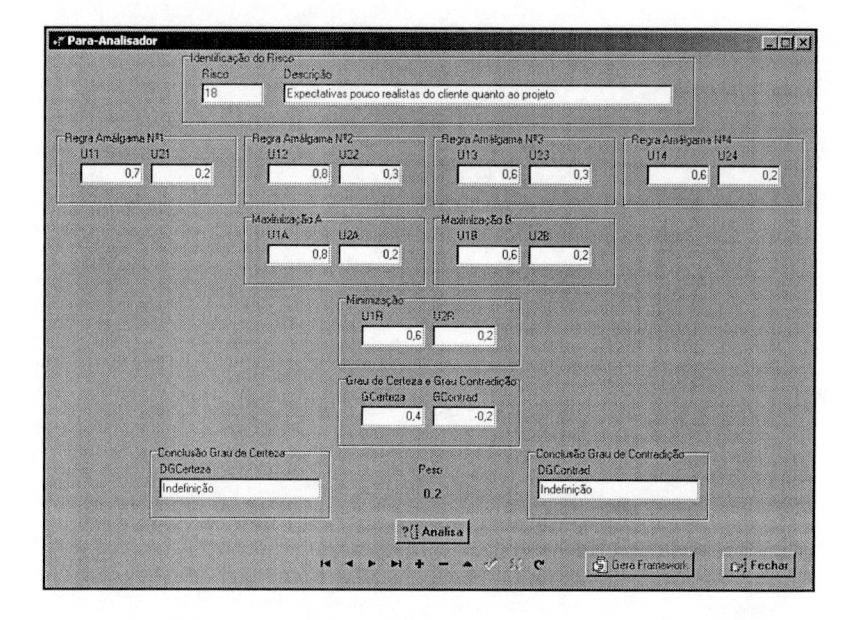

Figura 5.21 – Análise Fator de Risco Nº 18.

Conclusões:

Grau de Certeza = 0,4 = Indefinição (Procurar novas evidências)

Grau de Contradição = -0,2 = Indefinição (Procurar novas evidências)

Análise:

Apesar do grau de contradição ser igual a -0.2 (Baixo), o grau de certeza (0.4) está abaixo do limite estabelecido, não é possível afirmar com certeza que a proposição é verdadeira. O resultado requer a realização de nova pesquisa junto aos especialistas ou criação de regras amálgamas alternativas com atribuição de mais peso para um determinado especialista.

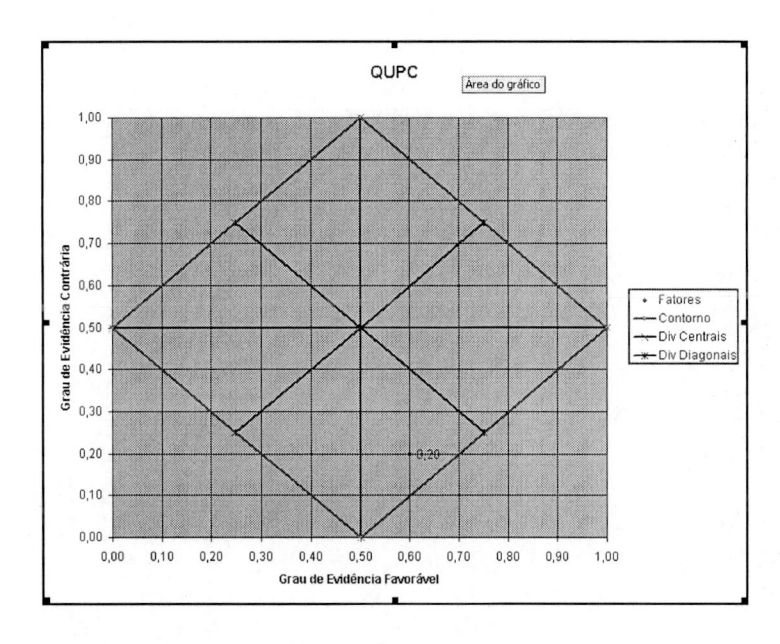

Gráfico 5.18 – Análise Fator de Risco Nº 18.

Análise no QUPC:

Posição no Reticulado = (0.6, 0.2)

Decisão:

Quase Paracompleto tendendo ao Verdadeiro.

Classificação no Framework:

Não Classificado.

Peso Atribuído:

Zero.

5.8.19 Análise Fator de Risco Nº 19

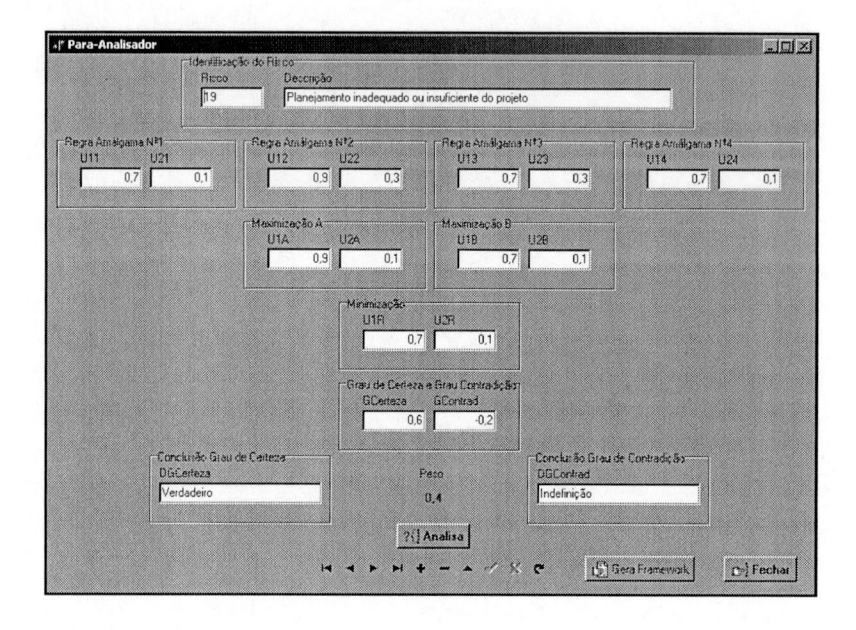

Figura 5.22 – Análise Fator de Risco Nº 19.

Conclusões:

Grau de Certeza = 0,6 = Verdadeiro

Grau de Contradição = -0,2 = Indefinição

Análise:

Apesar do grau de contradição ser igual a -0.2 (baixo), o grau de certeza (0.6) ser maior que o limite estabelecido, é possível concluir que a proposição é verdadeira.

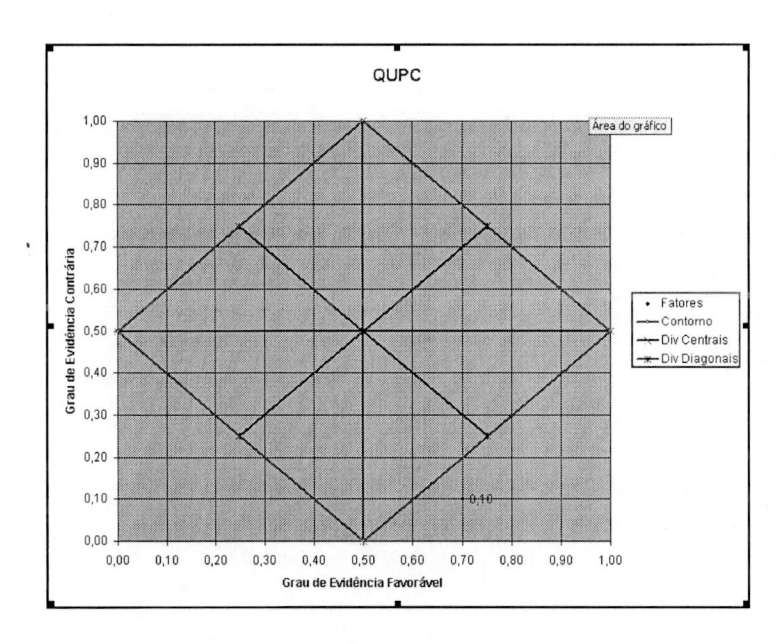

Gráfico 5.19 – *Análise Fator de Risco Nº 19.*

Análise no QUPC:

Posição no Reticulado = (0.7, 0.1)

Decisão:

Verdadeiro

Classificação no Framework:

16º

Peso Atribuído:

0.4

5.8.20 Análise Fator de Risco Nº 20

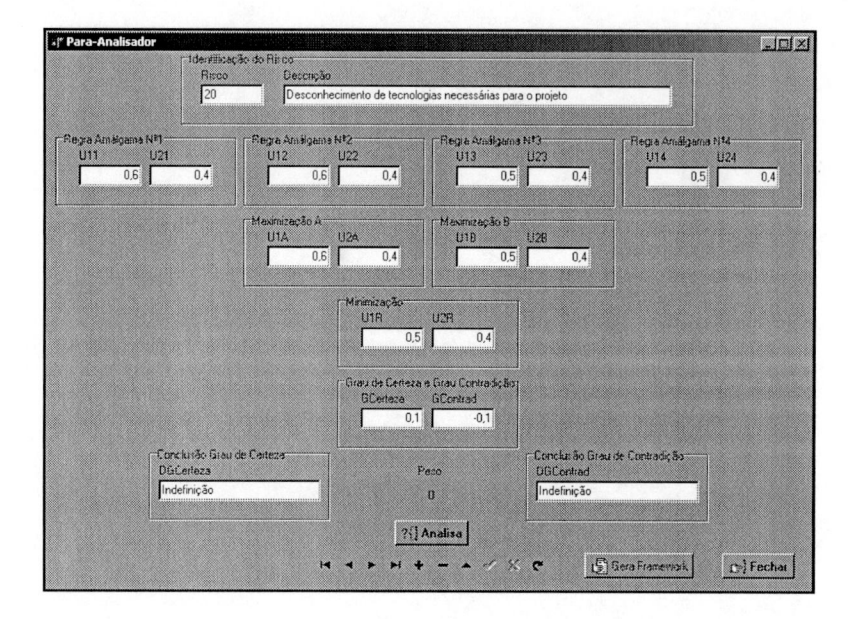

Figura 5.23 – *Análise Fator de Risco Nº 20.*

Conclusões:

Grau de Certeza = 0,1 = Indefinição (Procurar novas evidências)

Grau de Contradição = -0,1 = Indefinição (Procurar novas evidências)

Análise:

Apesar do grau de contradição ser igual a -0.1 (Baixo), o grau de certeza (0.1) está abaixo do limite estabelecido, não é possível afirmar com certeza que a proposição é falsa. O resultado requer a realização de nova pesquisa junto aos especialistas ou criação de regras amálgamas alternativas com atribuição de mais peso para um determinado especialista.

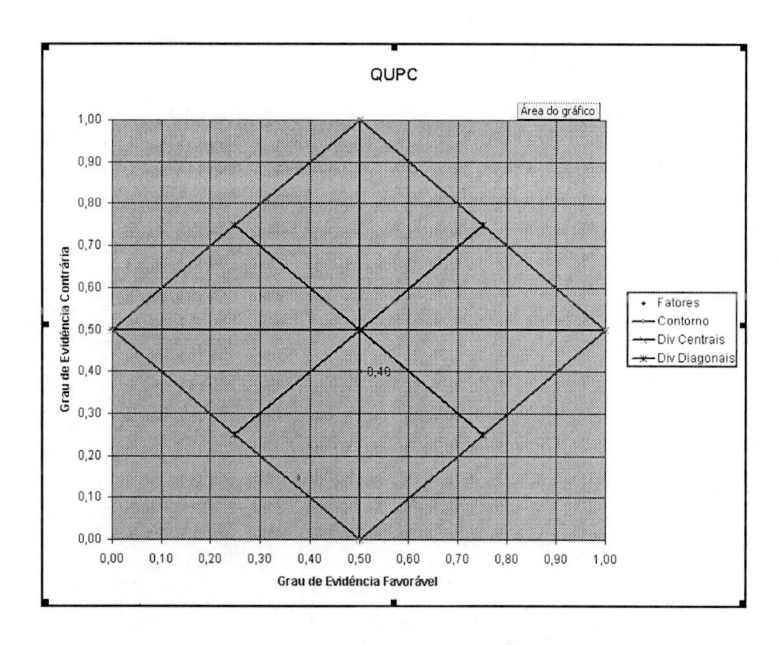

Gráfico 5.20 – Análise Fator de Risco Nº 20.

Análise no QUPC:

Posição no Reticulado = (0.5, 0.4)

Decisão:

Quase Paracompleto tendendo ao Verdadeiro.

Classificação no Framework:

Não Classificado.

Peso Atribuído:

Zero.

5.8.21 Análise Fator de Risco Nº 21

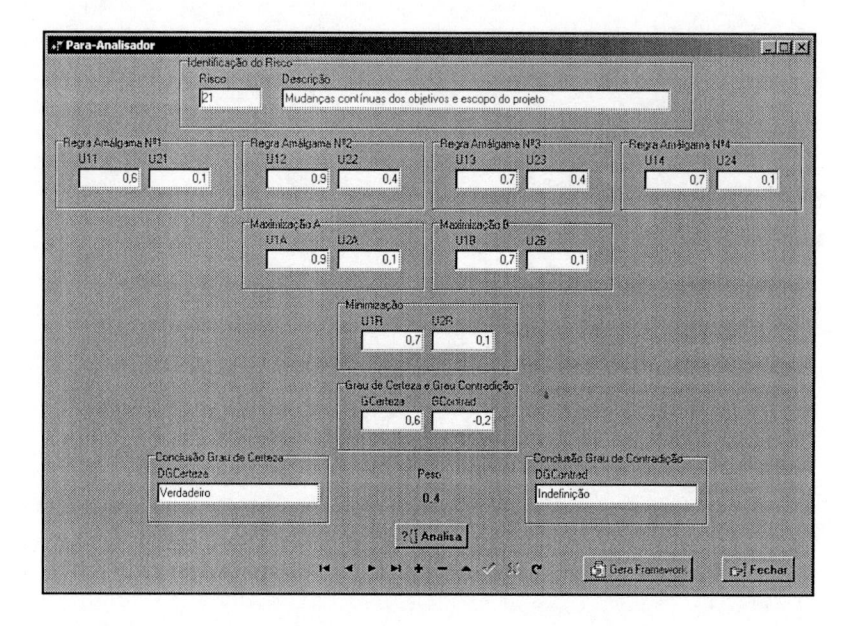

Figura 5.24 – Análise Fator de Risco Nº 21.

Conclusões:

Grau de Certeza = 0,6 = Verdadeiro

Grau de Contradição = -0,2 = Indefinição

Análise:

Apesar do grau de contradição ser igual a -0.2 (baixo), o grau de certeza (0.6) ser maior que o limite estabelecido, é possível concluir que a proposição é verdadeira.

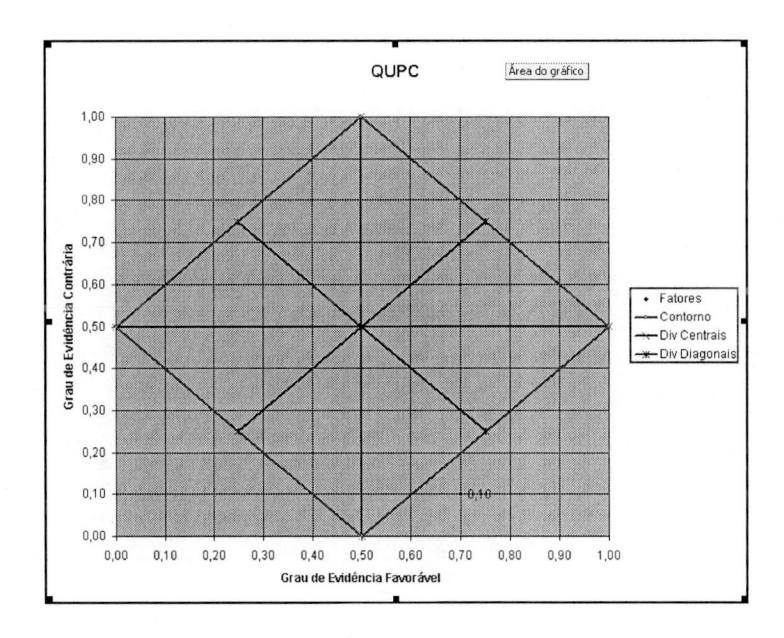

Gráfico 5.21 – *Análise Fator de Risco Nº 21.*

Análise no QUPC:

Posição no Reticulado = (0.7, 0.1)

Decisão:

Verdadeiro

Classificação no Framework:

10º

Peso Atribuído:

0.4

5.8.22 Análise Fator de Risco Nº 22

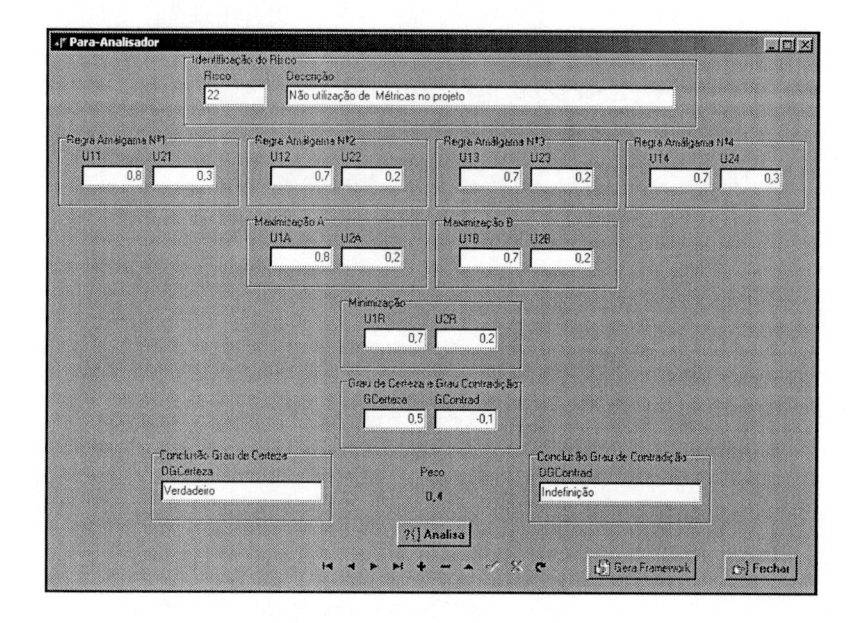

Figura 5.25 – *Análise Fator de Risco Nº 22.*

Conclusões:

Grau de Certeza = 0,5 = Verdadeiro

Grau de Contradição = -0,1 = Indefinição

Análise:

Apesar do grau de contradição ser igual a -0.1 (baixo), o grau de certeza (0.5) ser igual ao limite estabelecido, é possível concluir que a proposição é verdadeira.

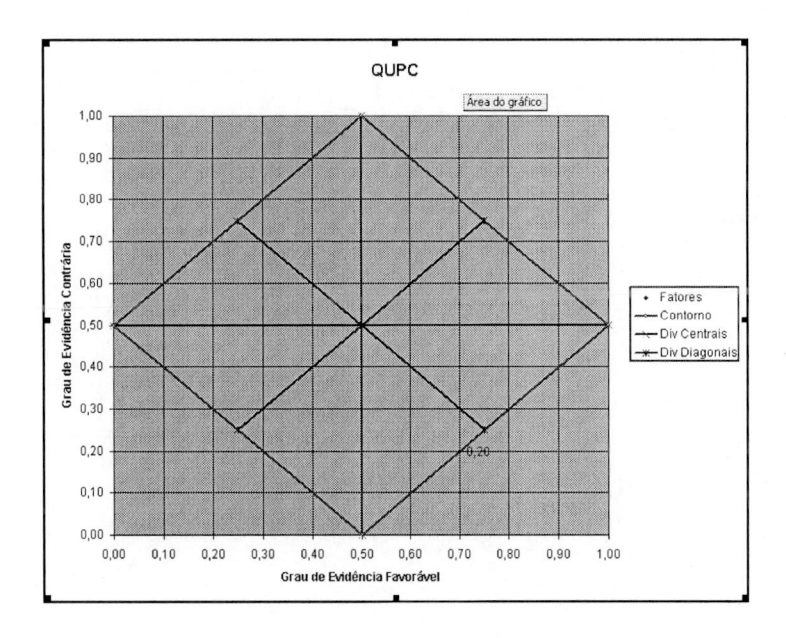

Gráfico 5.22 – *Análise Fator de Risco Nº 22.*

Análise no QUPC:

Posição no Reticulado = (0.7, 0.2)

Decisão:

Verdadeiro

Classificação no Framework:

12°

Peso Atribuído:

0.4

5.8.23 Análise Fator de Risco Nº 23

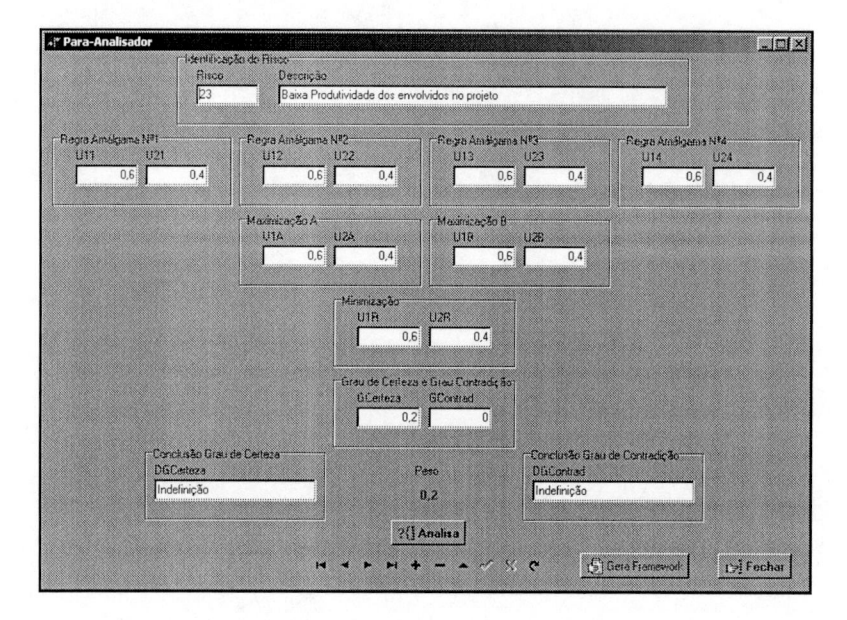

Figura 5.26 – *Análise Fator de Risco Nº 23.*

Conclusões:

Grau de Certeza = 0,2 = Indefinição (Procurar novas evidências)

Grau de Contradição = 0,0 = Indefinição (Procurar novas evidências)

Análise:

Apesar do grau de contradição ser igual a 0.0 (Baixo), o grau de certeza (0.2) está abaixo do limite estabelecido, não é possível afirmar com certeza que a proposição é verdadeira. O resultado requer a realização de nova pesquisa junto aos especialistas ou criação de regras amálgamas alternativas com atribuição de mais peso para um determinado especialista.

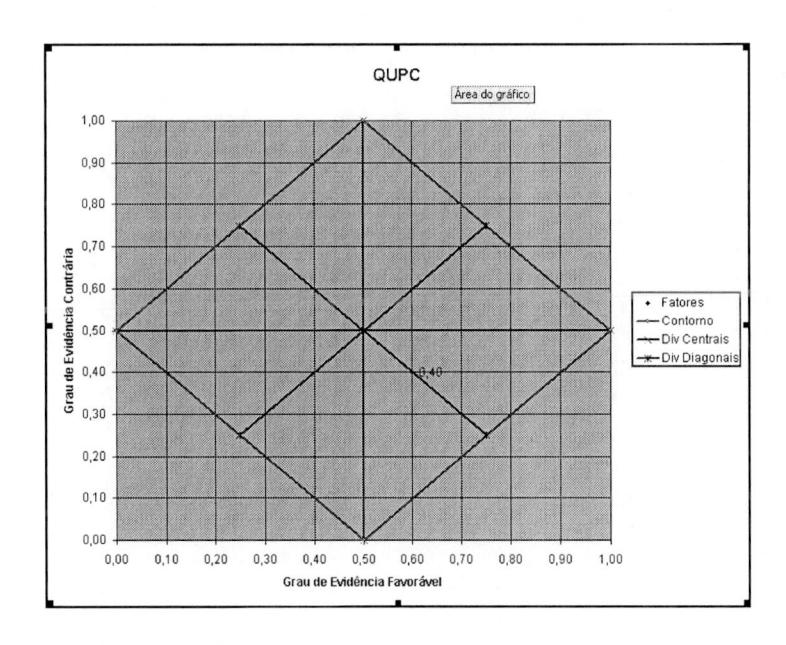

Gráfico 5.23 – *Análise Fator de Risco N° 23.*

Análise no QUPC:

Posição no Reticulado = (0.6, 0.4)

Decisão:

Quase Paracompleto tendendo ao Verdadeiro.

Classificação no Framework:

Não Classificado.

Peso Atribuído:

Zero.

5.8.24 Análise Fator de Risco Nº 24

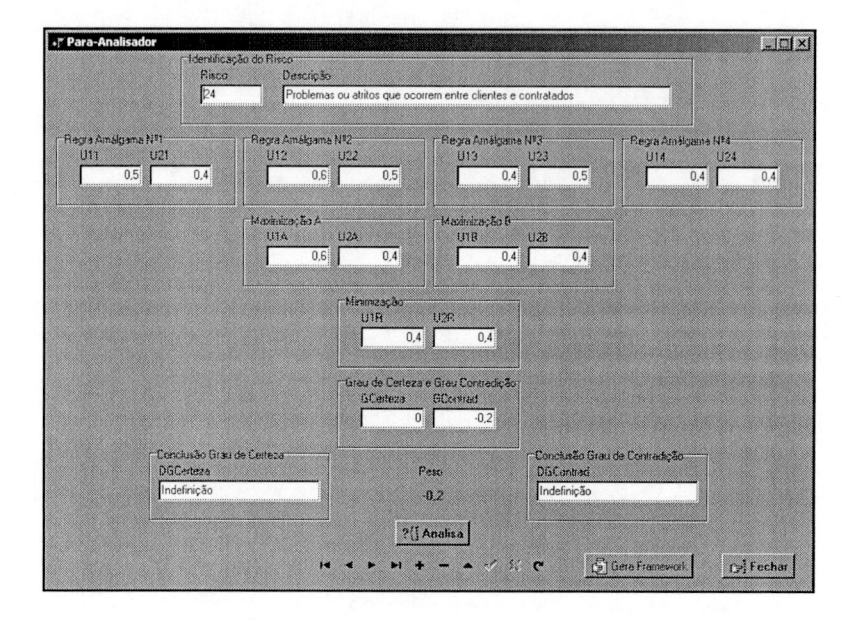

Figura 5.27 – *Análise Fator de Risco Nº 24.*

Conclusões:

Grau de Certeza = 0,0 = Indefinição (Procurar novas evidências)

Grau de Contradição = -0,2 = Indefinição (Procurar novas evidências)

Análise:

Apesar do grau de contradição ser igual a -0.2 (Baixo), o grau de certeza (0.0) está abaixo do limite estabelecido, não é possível afirmar com certeza que a proposição é falsa. O resultado requer a realização de nova pesquisa junto aos especialistas ou criação de regras amálgamas alternativas com atribuição de mais peso para um determinado especialista.

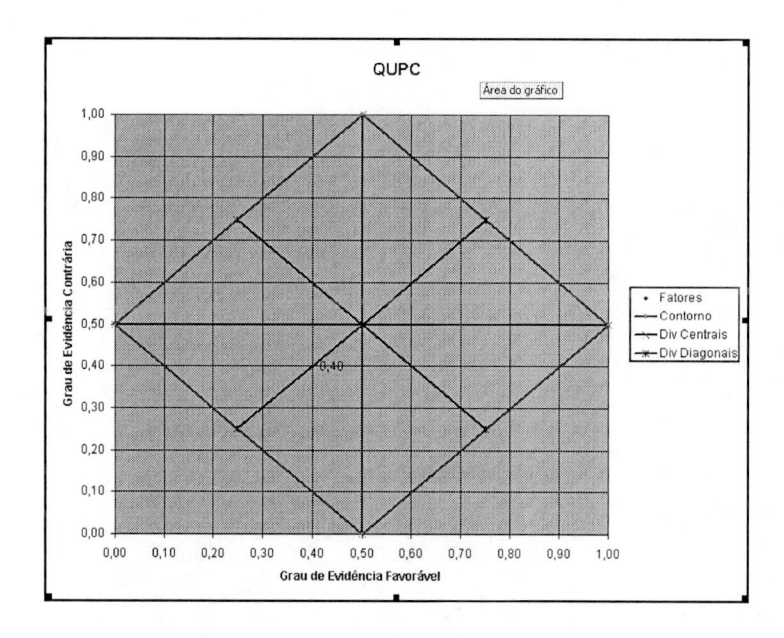

Gráfico 5.24 – *Análise Fator de Risco Nº 24.*

Análise no QUPC:

Posição no Reticulado = (0.4, 0.4)

Decisão:

Quase Falso tendendo ao Paracompleto.

Classificação no Framework:

Não Classificado.

Peso Atribuído:

Zero.

5.8.25 Análise Fator de Risco N° 25

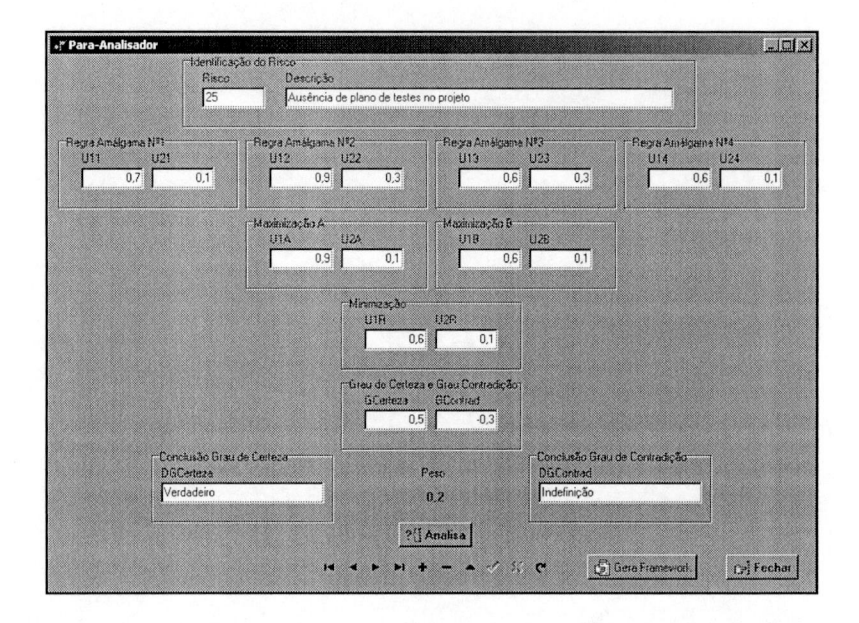

Figura 5.28 – Análise Fator de Risco Nº 25.

Conclusões:

Grau de Certeza = 0,5 = Verdadeiro

Grau de Contradição = -0,3 = Indefinição

Análise:

Apesar do grau de contradição ser igual a -0.3 (baixo), o grau de certeza (0.5) ser igual ao limite estabelecido, é possível concluir que a proposição é verdadeira.

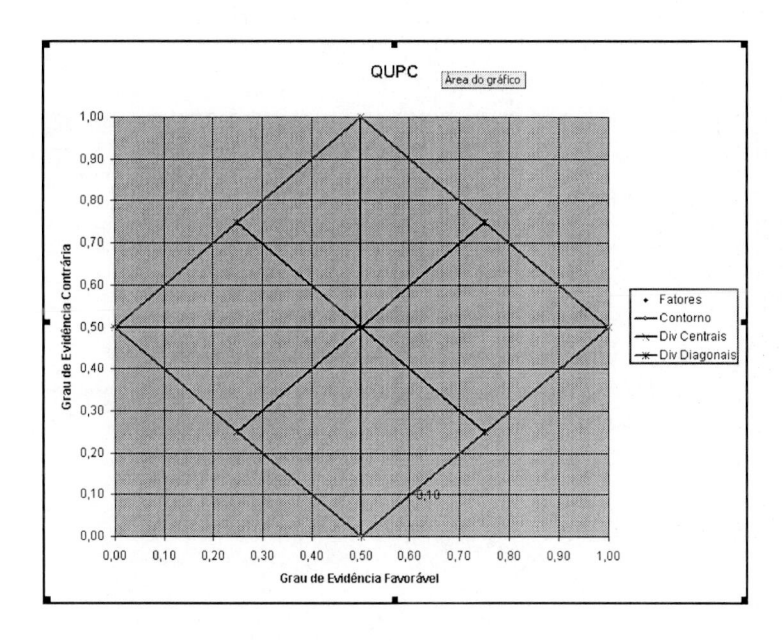

Gráfico 5.25 – *Análise Fator de Risco Nº 25.*

Análise no QUPC:

Posição no Reticulado = (0.6, 0.1)

Decisão:

Verdadeiro

Classificação no Framework:

18º

Peso Atribuído:

0.2

5.8.26 Análise Fator de Risco N° 26

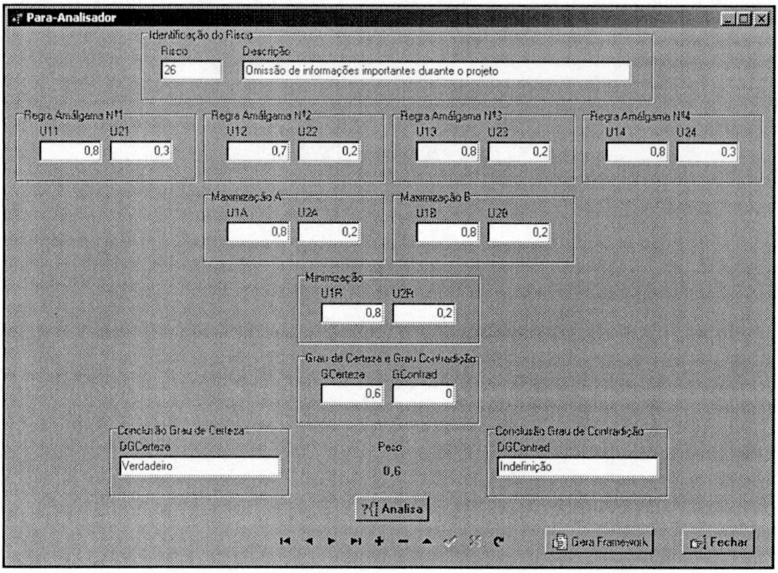

Figura 5.29 – Análise Fator de Risco N° 26.

Conclusões:

Grau de Certeza = 0,6 = Verdadeiro

Grau de Contradição = 0,0 = Indefinição

Análise:

Apesar do grau de contradição ser igual a 0.0 (baixo), o grau de certeza (0.6) ser maior que o limite estabelecido, é possível concluir que a proposição é verdadeira.

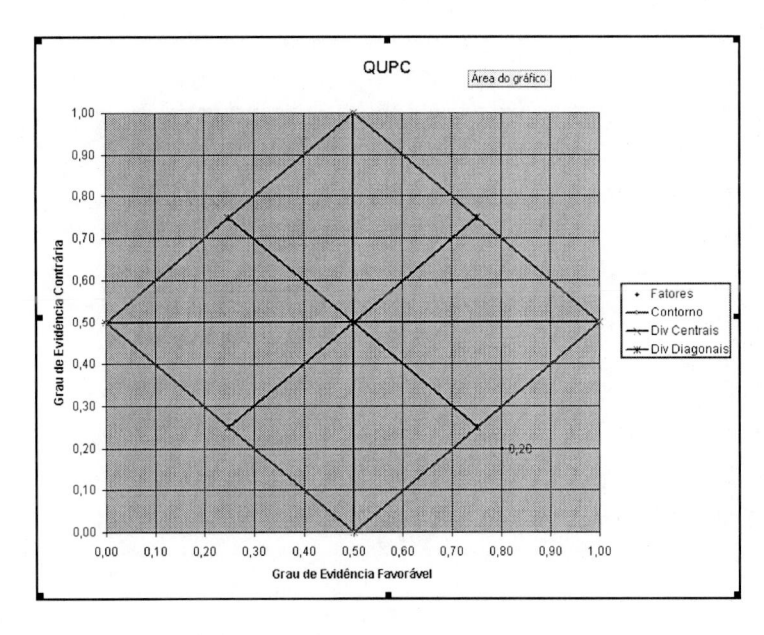

Gráfico 5.26 – *Análise Fator de Risco Nº 26.*

Análise no QUPC:

Posição no Reticulado = (0.8, 0.2)

Decisão:

Verdadeiro

Classificação no Framework:

7º

Peso Atribuído:

0.6

5.8.27 Análise Fator de Risco Nº 27

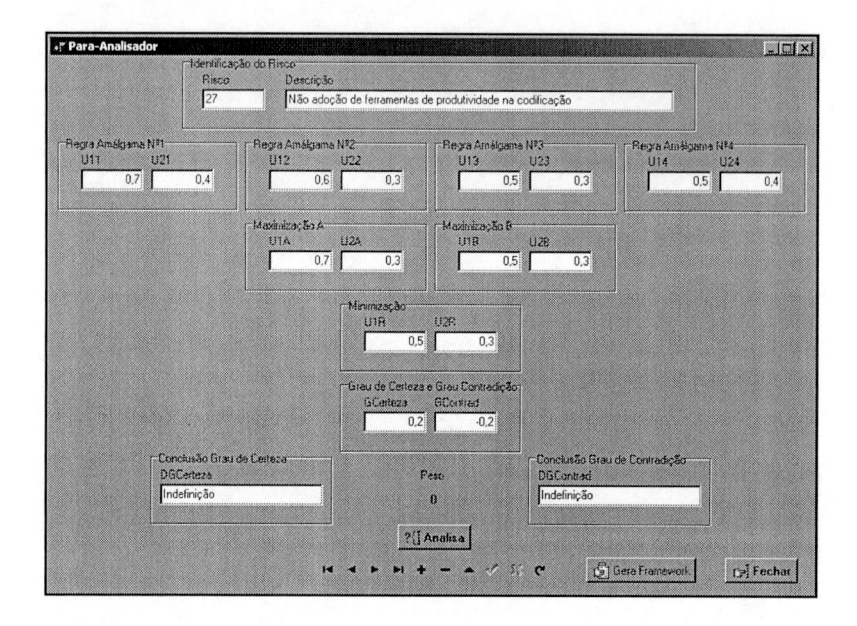

Figura 5.30 – *Análise Fator de Risco Nº 27.*

Conclusões:

Grau de Certeza = 0,2 = Indefinição (Procurar novas evidências)

Grau de Contradição = -0,2 = Indefinição (Procurar novas evidências)

Análise:

Apesar do grau de contradição ser igual a -0.2 (Baixo), o grau de certeza (0.2) está abaixo do limite estabelecido, não é possível afirmar com certeza que a proposição é falsa. O resultado requer a realização de nova pesquisa junto aos especialistas ou criação de regras amálgamas alternativas com atribuição de mais peso para um determinado especialista.

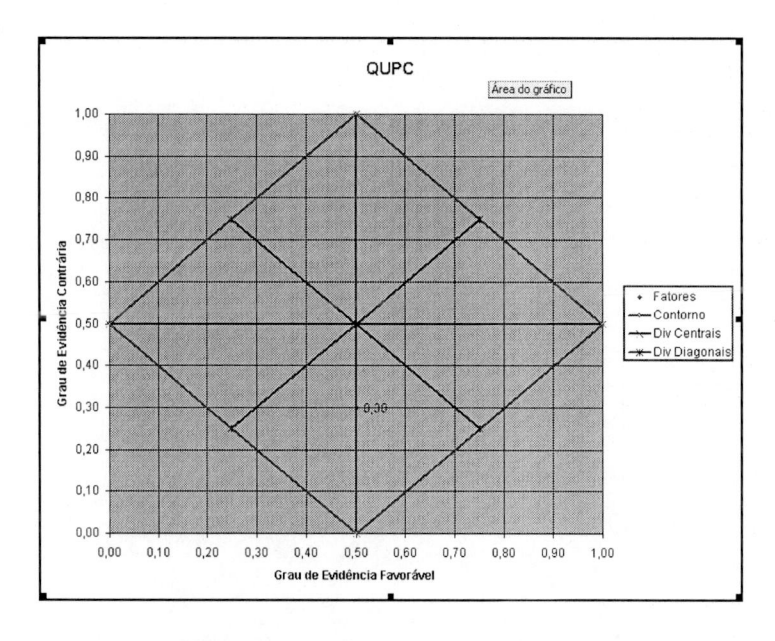

Gráfico 5.27 – Análise Fator de Risco Nº 27.

Análise no QUPC:

Posição no Reticulado = (0.5, 0.3)

Decisão:

Quase Paracompleto tendendo ao Falso.

Classificação no Framework:

Não Classificado.

Peso Atribuído:

Zero.

5.8.28 Análise Fator de Risco Nº 28

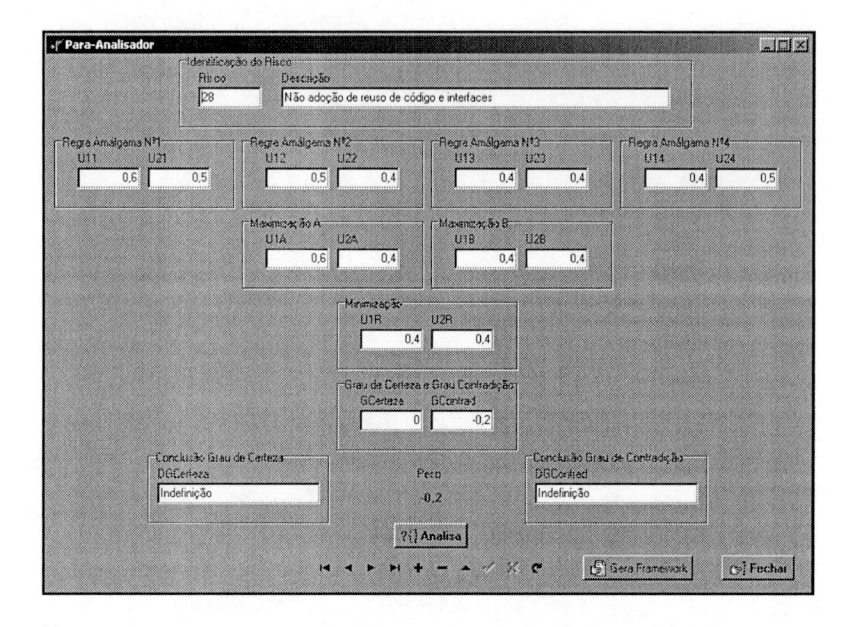

Figura 5.31 – *Análise Fator de Risco Nº 28.*

Conclusões:

Grau de Certeza = 0,0 = Indefinição (Procurar novas evidências)

Grau de Contradição = -0,2 = Indefinição (Procurar novas evidências)

Análise:

Apesar do grau de contradição ser igual a -0.2 (Baixo), o grau de certeza (0.0) está abaixo do limite estabelecido, não é possível afirmar com certeza que a proposição é falsa. O resultado requer a realização de nova pesquisa junto aos especialistas ou criação de regras amálgamas alternativas com atribuição de mais peso para um determinado especialista.

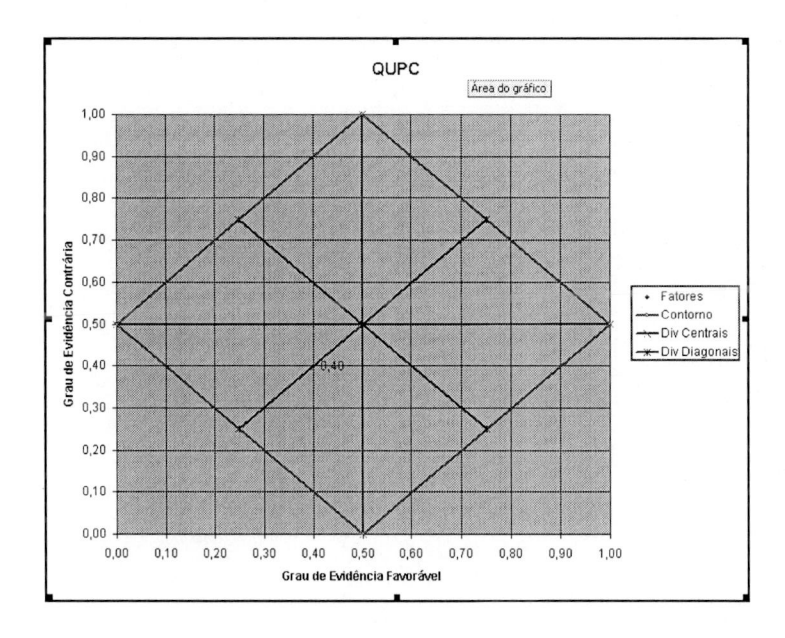

Gráfico 5.28 – Análise Fator de Risco Nº 28.

Análise no QUPC:

Posição no Reticulado = (0.4, 0.4)

Decisão:

Quase Falso tendendo ao Paracompleto.

Classificação no Framework:

Não Classificado.

Peso Atribuído:

Zero.

5.8.29 Análise Fator de Risco Nº 29

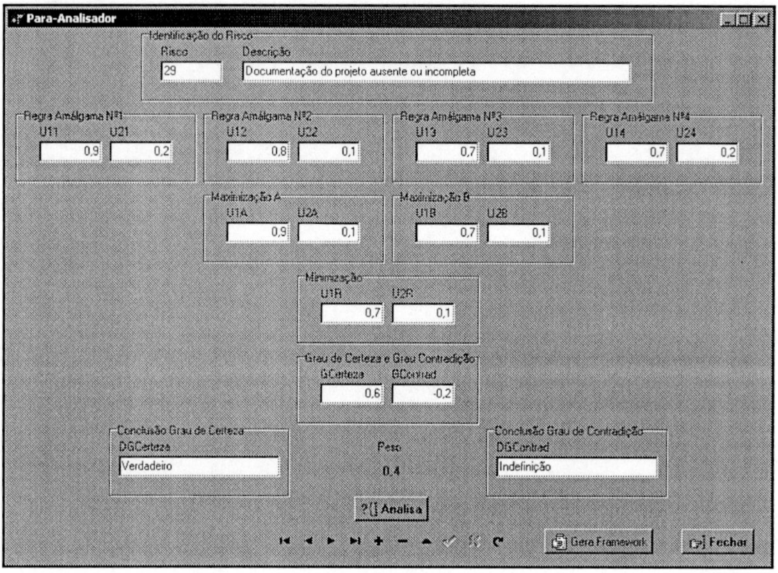

Figura 5.32 – *Análise Fator de Risco Nº 29.*

Conclusões:

Grau de Certeza = 0,6 = Verdadeiro

Grau de Contradição = -0,2 = Indefinição

Análise:

Apesar do grau de contradição ser igual a -0.2 (baixo), o grau de certeza (0.6) ser maior que o limite estabelecido, é possível concluir que a proposição é verdadeira.

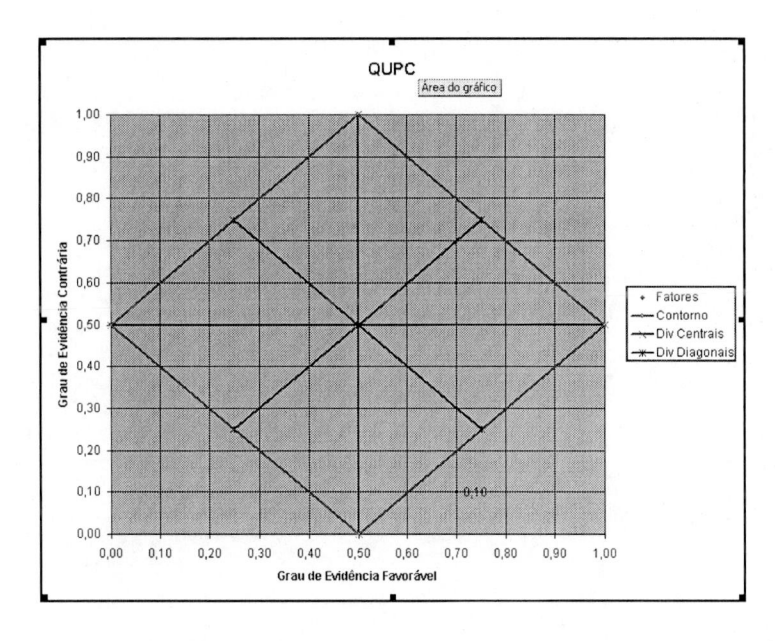

Gráfico 5.29 – Análise Fator de Risco Nº 29.

Análise no QUPC:

Posição no Reticulado = (0.7, 0.1)

Decisão:

Verdadeiro

Classificação no Framework:

13º

Peso Atribuído:

0.4

5.8.30 Análise Fator de Risco Nº 30

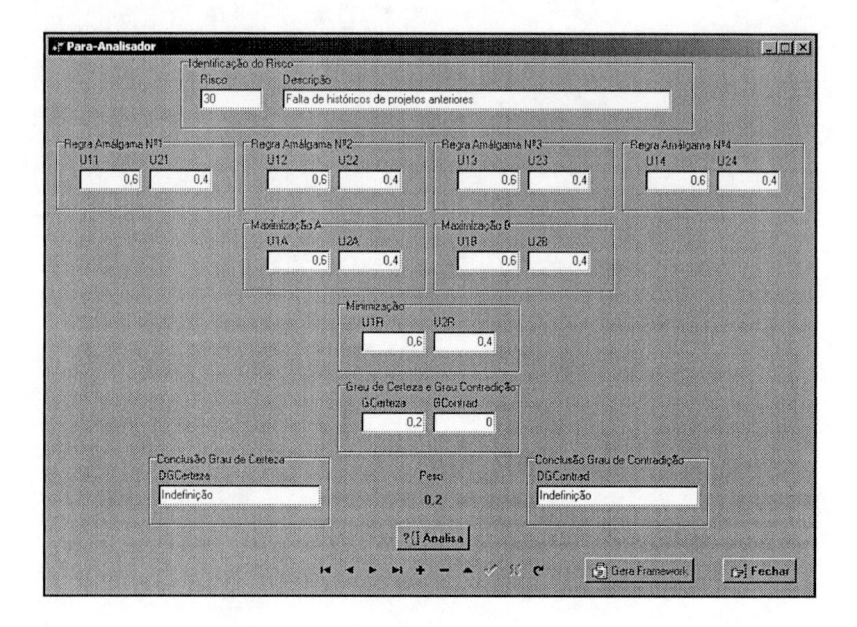

Figura 5.33 – *Análise Fator de Risco Nº 30.*

Conclusões:

Grau de Certeza = 0,2 = Indefinição (Procurar novas evidências)

Grau de Contradição = 0,0 = Indefinição (Procurar novas evidências)

Análise:

Apesar do grau de contradição ser igual a 0.0 (Baixo), o grau de certeza (0.2) está abaixo do limite estabelecido, não é possível afirmar com certeza que a proposição é verdadeira. O resultado requer a realização de nova pesquisa junto aos especialistas ou criação de regras amálgamas alternativas com atribuição de mais peso para um determinado especialista.

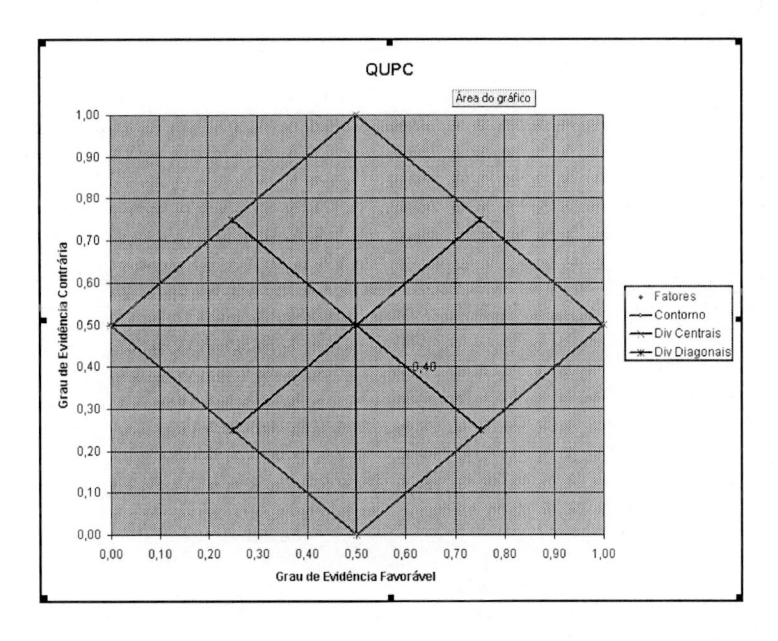

Gráfico 5.30 – *Análise Fator de Risco Nº 30.*

Análise no QUPC:

Posição no Reticulado = (0.6, 0.4)

Decisão:

Quase Paracompleto tendendo ao Verdadeiro.

Classificação no Framework:

Não Classificado.

Peso Atribuído:

Zero.

5.8.31 Análise Fator de Risco Nº 31

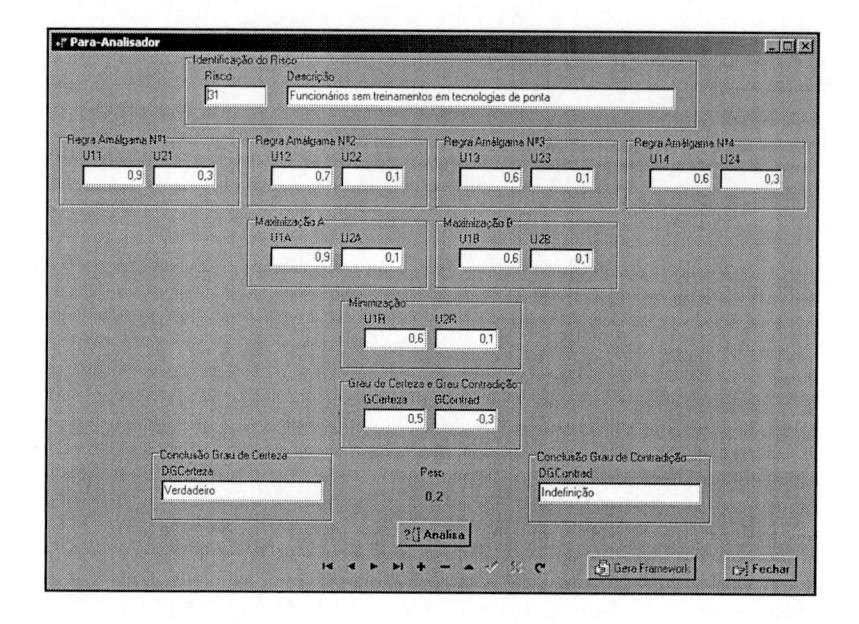

Figura 5.34 – *Análise Fator de Risco Nº 31.*

Conclusões:

Grau de Certeza = 0,5 = Verdadeiro

Grau de Contradição = -0,3 = Indefinição

Análise:

Apesar do grau de contradição ser igual a -0.3 (baixo), o grau de certeza (0.5) ser igual ao limite estabelecido, é possível concluir que a proposição é verdadeira.

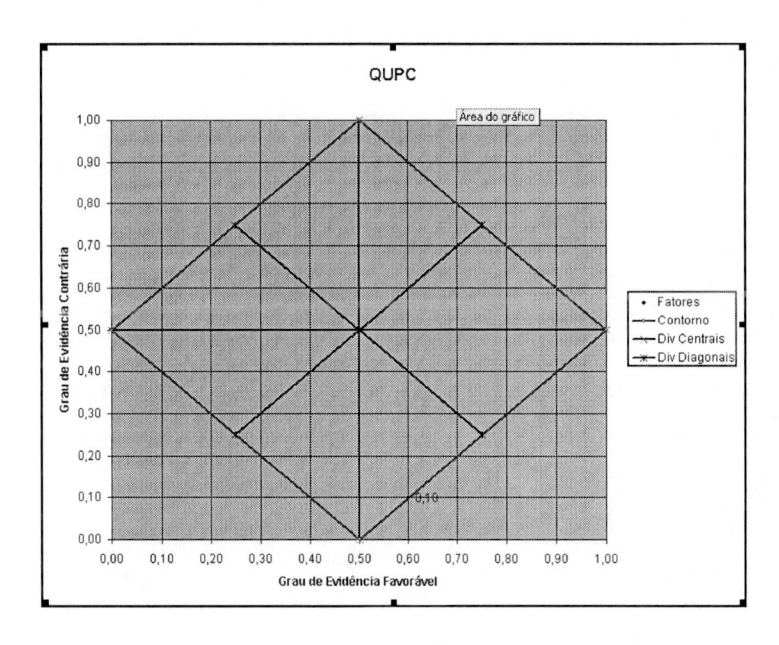

Gráfico 5.31 – Análise Fator de Risco Nº 31.

Análise no QUPC:

Posição no Reticulado = (0.6, 0.1)

Decisão:

Verdadeiro

Classificação no Framework:

19º

Peso Atribuído:

0.2

5.8.32 Análise Fator de Risco Nº 32

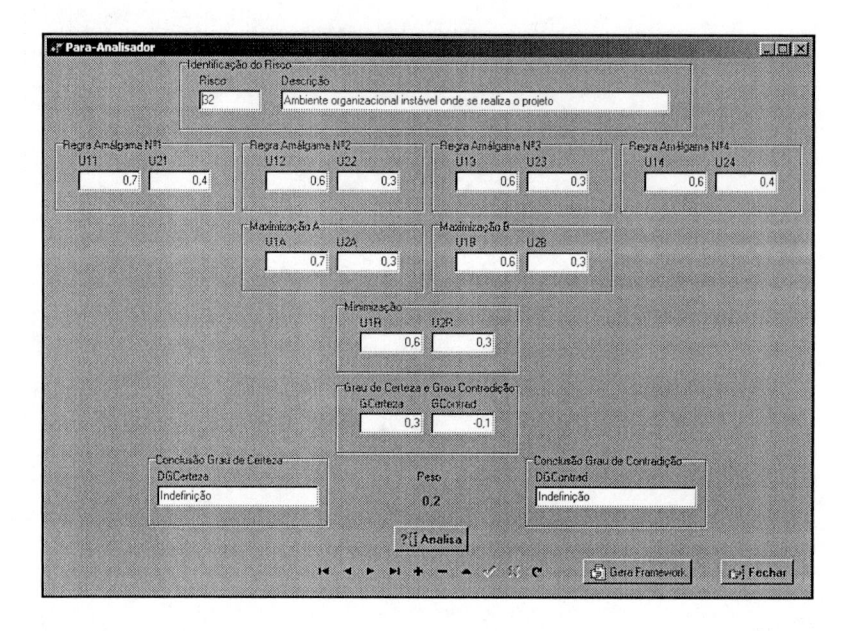

Figura 5.35 – Análise Fator de Risco Nº 32.

Conclusões:

Grau de Certeza = 0,3 = Indefinição (Procurar novas evidências)

Grau de Contradição = -0,1 = Indefinição (Procurar novas evidências)

Análise:

Apesar do grau de contradição ser igual a -0.1 (Baixo), o grau de certeza (0.3) está abaixo do limite estabelecido, não é possível afirmar com certeza que a proposição é verdadeira. O resultado requer a realização de nova pesquisa junto aos especialistas ou criação de regras amálgamas alternativas com atribuição de mais peso para um determinado especialista.

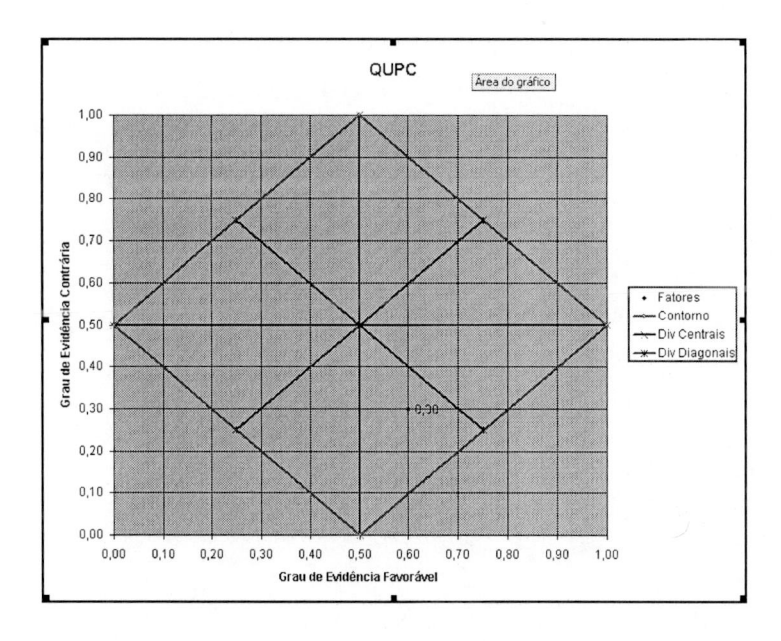

Gráfico 5.32 – *Análise Fator de Risco N° 32.*

Análise no QUPC:

Posição no Reticulado = (0.6, 0.3)

Decisão:

Quase Paracompleto tendendo ao Verdadeiro.

Classificação no Framework:

Não Classificado.

Peso Atribuído:

Zero.

5.8.33 Análise Fator de Risco Nº 33

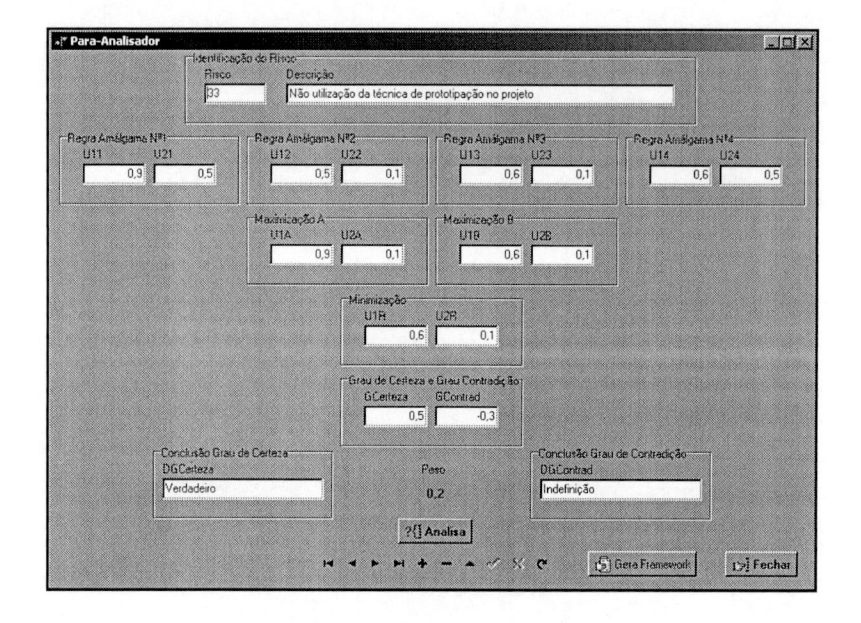

Figura 5.36 – Análise Fator de Risco Nº 33.

Conclusões:

Grau de Certeza = 0,5 = Verdadeiro

Grau de Contradição = -0,3 = Indefinição

Análise:

Apesar do grau de contradição ser igual a -0.3 (baixo), o grau de certeza (0.5) ser igual ao limite estabelecido, é possível concluir que a proposição é verdadeira.

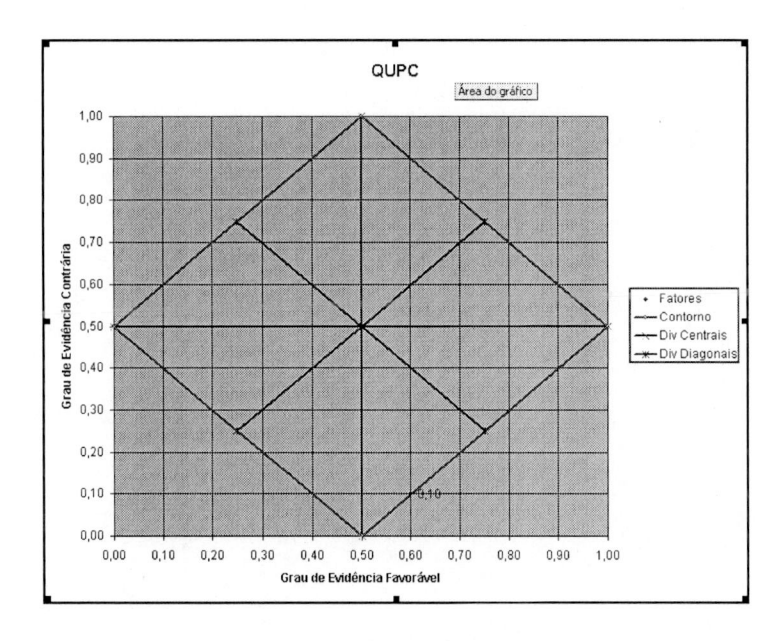

Gráfico 5.33 – *Análise Fator de Risco Nº 33.*

Análise no QUPC:

Posição no Reticulado = (0.6, 0.1)

Decisão:

Verdadeiro

Classificação no Framework:

20º

Peso Atribuído:

0.2

5.8.34 Análise Fator de Risco Nº 34

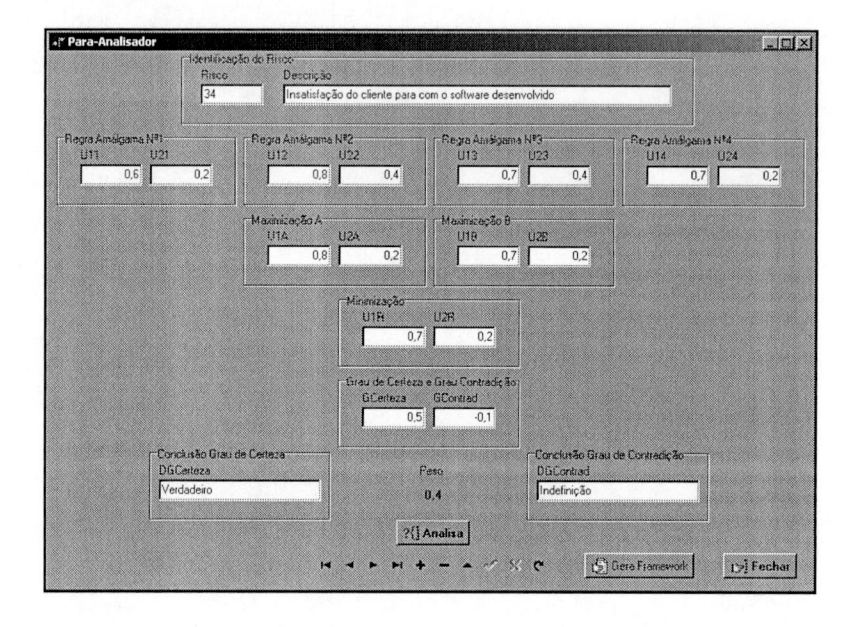

Figura 5.37 – Análise Fator de Risco Nº 34.

Conclusões:

Grau de Certeza = 0,5 = Verdadeiro

Grau de Contradição = -0,1 = Indefinição

Análise:

Apesar do grau de contradição ser igual a -0.1 (baixo), o grau de certeza (0.5) ser igual ao limite estabelecido, é possível concluir que a proposição é verdadeira.

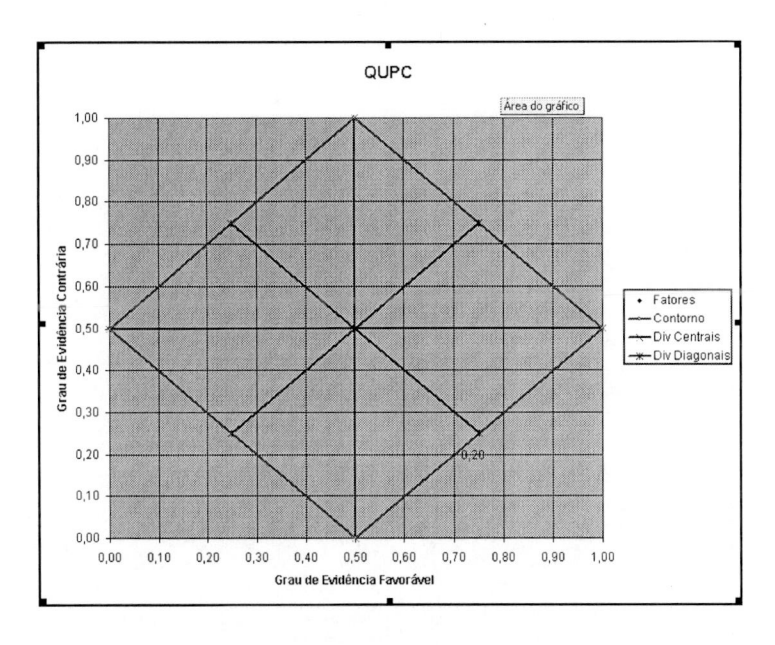

Gráfico 5.34 – Análise Fator de Risco Nº 34.

Análise no QUPC:

Posição no Reticulado = (0.7, 0.2)

Decisão:

Verdadeiro

Classificação no Framework:

14º

Peso Atribuído:

0.4

5.8.35 Análise Fator de Risco Nº 35

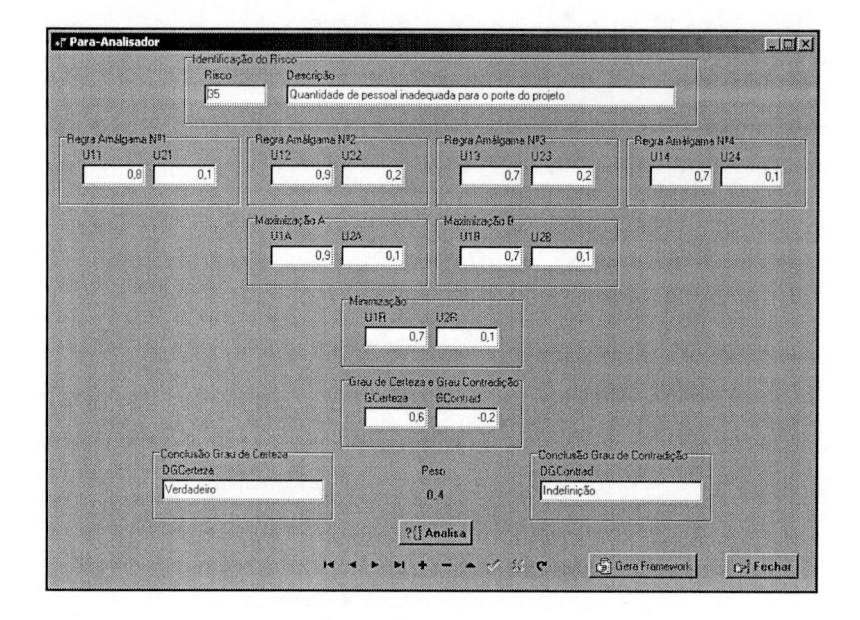

Figura 5.38 – *Análise Fator de Risco Nº 35.*

Conclusões:

Grau de Certeza = 0,6 = Verdadeiro

Grau de Contradição = -0,2 = Indefinição

Análise:

Apesar do grau de contradição ser igual a -0.2 (baixo), o grau de certeza (0.6) ser maior que o limite estabelecido, é possível concluir que a proposição é verdadeira.

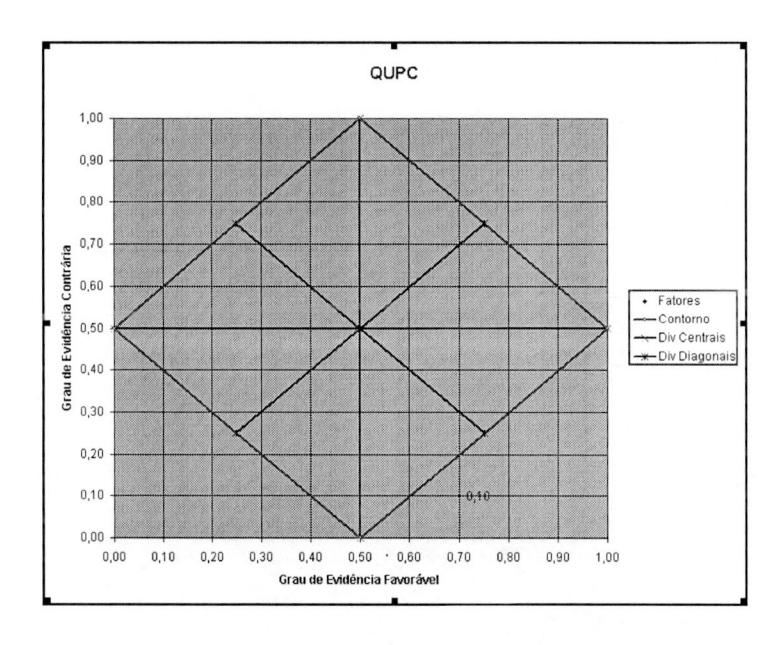

Gráfico 5.35 – *Análise Fator de Risco Nº 35.*

Análise no QUPC:

Posição no Reticulado = (0.7, 0.1)

Decisão:

Verdadeiro

Classificação no Framework:

15º

Peso Atribuído:

0.4

5.8.36 Análise Fator de Risco Nº 36

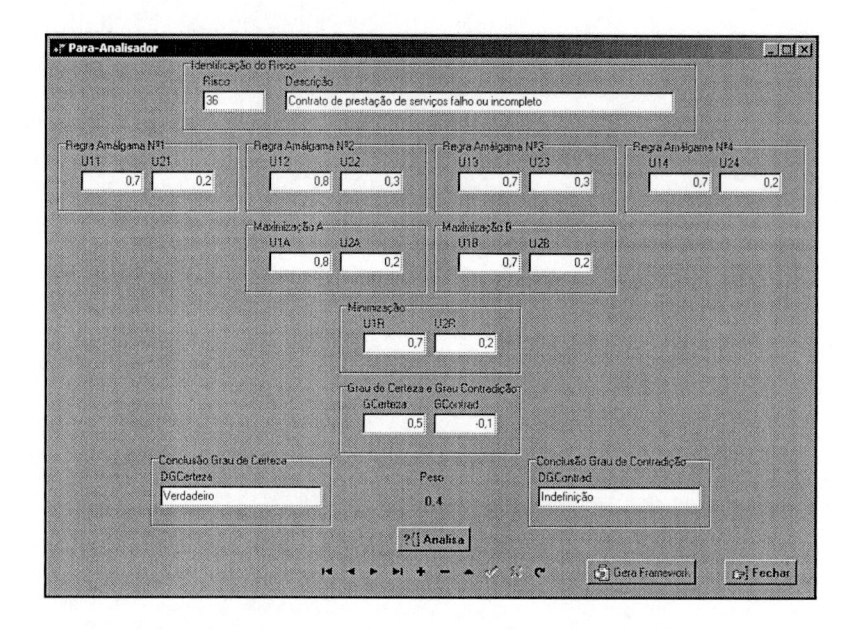

Figura 5.39 – Análise Fator de Risco Nº 36.

Conclusões:

Grau de Certeza = 0,5 = Verdadeiro

Grau de Contradição = -0,1 = Indefinição

Análise:

Apesar do grau de contradição ser igual a -0.1 (baixo), o grau de certeza (0.5) ser igual ao limite estabelecido, é possível concluir que a proposição é verdadeira.

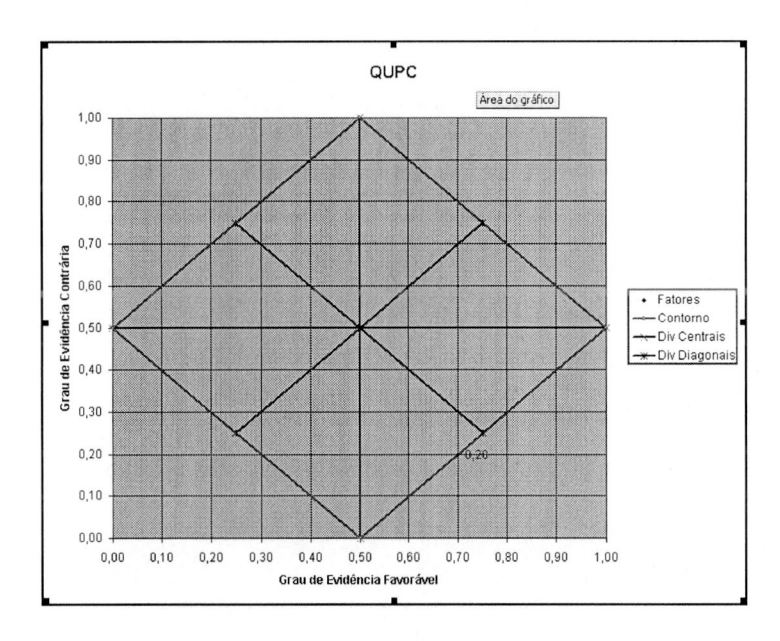

Gráfico 5.36 *– Análise Fator de Risco Nº 36.*

Análise no QUPC:

Posição no Reticulado = (0.7, 0.2)

Decisão:

Verdadeiro

Classificação no Framework:

11º

Peso Atribuído:

0.4

Os riscos foram analisados e validados. Serão incluídos no Framework de riscos somente aqueles que tiveram como decisão do para-analisador a condição verdadeira. Para implementar a lista de riscos priorizados basta ordenar pelos pesos que foram atribuídos.

5.9 LISTA DE RISCOS PRIORIZADOS

Após a análise e as conclusões apresentadas pelo para-analisador, é possível implementar a lista de riscos priorizados que fará parte do Framework. Os riscos validados (aqueles que a decisão do para-analisador = verdadeiro) e classificados pelo peso atribuído (Grau de Certeza - Grau de Contradição), o qual servirá como instrumento para os especialistas realizarem a gestão de riscos sobre seus projetos.

Lista de Riscos

Lista de Riscos Analisados e Priorizados

Código	Descrição	Peso
12	Requisitos mal Definidos, incompletos ou mal Entendidos	0,8
13	Mudanças contínuas dos Requisitos	0,8
14	Falta de envolvimento dos usuários ou resistência à mudanças	0,8
15	Tempo de desenvolvimento do projeto mal estimado	0,8
16	Custos do desenvolvimento do projeto mal estimados	0,6
8	Falta de adoção de Metodologia de Gestão de Projetos	0,6
26	Omissão de informações importantes durante o projeto	0,6
9	Não Utilização de Ferramentas de Controle de Requisitos	0,4
11	Não Utilização de Ferramentas para Gestão de Projetos	0,4
3	Falta de motivação da equipe	0,4
21	Mudanças contínuas dos objetivos e escopo do projeto	0,4
36	Contrato de prestação de serviços falho ou incompleto	0,4
22	Não utilização de Métricas no projeto	0,4
29	Documentação do projeto ausente ou incompleta	0,4
34	Insatisfação do cliente para com o software desenvolvido	0,4
35	Quantidade de pessoal inadequada para o porte do projeto	0,4
19	Planejamento inadequado ou insuficiente do projeto	0,4
25	Ausência de plano de testes no projeto	0,2
31	Funcionários sem treinamentos em tecnologias de ponta	0,2
33	Não utilização da técnica de prototipação no projeto	0,2
10	Não Utilização de Ferramentas de Controle de Configurações	0,2

Quantidade de Riscos Analisados: 36   Quantidade de Riscos Validados: 21   Fechar

Tabela 60 – Lista de Riscos por código de origem.

Tabela 61 - Fatores de risco após decisão.

Nº	Fator de Risco	Decisão
01	Hardware com performance incompatível com a aplicação criada	$Q\bot \to V$
02	Mudança de plataforma ou linguagem durante o projeto	$QF \to \bot$
03	Falta de motivação da equipe	V
04	Rotatividade de pessoal	$Q\bot \to V$
05	Falta de adoção de modelagens visuais para o projeto	$Q\bot \to F$
06	Falta de adoção de metodologias de desenvolvimento	$Q\bot \to V$
07	Falta de adoção de normas ou modelos de qualidade	$Q\bot \to V$
08	Falta de adoção de metodologia de gestão de projetos	V
09	Não utilização de ferramentas de controle de requisitos	V
10	Não utilização de ferramentas de controle de configurações	V
11	Não utilização de ferramentas para gestão de projetos	V
12	Requisitos mal definidos, incompletos ou mal entendidos	V
13	Mudanças contínuas dos requisitos	V
14	Falta de envolvimento dos usuários ou resistência a mudanças	V
15	Tempo de desenvolvimento do projeto mal estimado	V
16	Custos do desenvolvimento do projeto mal estimados	V
17	Falta de recursos financeiros para continuar o projeto	$Q\bot \to V$
18	Expectativas pouco realistas do cliente quanto ao projeto	$Q\bot \to V$
19	Planejamento inadequado ou insuficiente do projeto	V
20	Desconhecimento de tecnologias necessárias para o projeto	$Q\bot \to F$
21	Mudanças contínuas dos objetivos e escopo do projeto	V
22	Não utilização de métricas no projeto	V
23	Baixa produtividade dos envolvidos no projeto	$Q\bot \to V$
24	Problemas ou atritos que ocorrem entre clientes e contratados	$QF \bot \to$
25	Ausência de plano de testes no projeto	V
26	Omissão de informações importantes durante o projeto	V
27	Não adoção de ferramentas de produtividade na codificação	$Q\bot \to F$

Tabela 61 - Fatores de risco após decisão. (continuação)

Nº	Fator de Risco	
28	Não adoção de reuso de código e interfaces	$QF \to \perp$
29	Documentação do projeto ausente ou incompleta	V
30	Falta de históricos de projetos anteriores	$Q\perp \to V$
31	Funcionários sem treinamentos em tecnologias de ponta	V
32	Ambiente organizacional instável onde se realiza o projeto	$Q\perp \to V$
33	Não utilização da técnica de prototipação no projeto	V
34	Insatisfação do cliente para com o software desenvolvido	V
35	Quantidade de pessoal inadequada para o porte do projeto	V
36	Contrato de prestação de serviços falho ou incompleto	V

Lista de Riscos Analisados e Priorizados

Relatório de Fatores de Risco classificados por peso

Nº	Descrição do Fator de Risco	Peso
1	Requisitos mal Definidos, incompletos ou mal Entendidos	0,8
2	Mudanças contínuas dos Requisitos	0,8
3	Falta de envolvimento dos usuários ou resistência à mudanças	0,8
4	Tempo de desenvolvimento do projeto mal estimado	0,8
5	Custos do desenvolvimento do projeto mal estimados	0,8
6	Falta de adoção de Metodologia de Gestão de Projetos	0,8
7	Omissão de informações importantes durante o projeto	0,8
8	Não Utilização de Ferramentas de Controle de Requisitos	0,4
9	Não Utilização de Ferramentas para Gestão de Projetos	0,4
10	Falta de motivação da equipe	0,4
11	Mudanças contínuas dos objetivos e escopo do projeto	0,4
12	Contrato de prestação de serviços falho ou incompleto	0,4
13	Não utilização de Métricas no projeto	0,4
14	Documentação do projeto ausente ou incompleta	0,4
15	Insatisfação do cliente para com o software desenvolvido	0,4
16	Quantidade de pessoal inadequada para o porte do projeto	0,4
17	Planejamento inadequado ou insuficiente do projeto	0,4
18	Ausência de plano de testes no projeto	0,2
19	Funcionários sem treinamentos em tecnologias de ponta	0,2
20	Não utilização da técnica de prototipação no projeto	0,2
21	Não Utilização de Ferramentas de Controle de Configurações	0,2

29/11/2007   Riscos Analisados: **36**   Riscos Validados: **21**   10:17

Tabela 62 – Lista de riscos analisados e priorizados.

5.10 FRAMEWORK CONSTRUÍDO

Após todas as atividades realizadas a fim de se obter o Framework ideal para apoiar a gestão de riscos em projetos de software, apresenta-se:

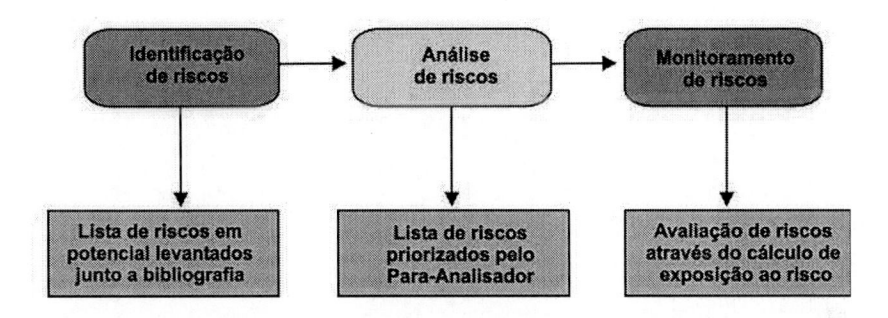

Gráfico 5.37 – *Framework de Riscos construído.*

5.11 CONSIDERAÇÕES FINAIS

Este capítulo apresentou como se construiu o Framework de riscos, desde a identificação dos riscos, a pesquisa de campo, a extração dos dados, a criação de regras amálgamas, o para-analisador e os itens de riscos classificados e os pesos atribuídos.

CAPÍTULO 6

Ferramenta para Avaliação de Exposição aos Riscos

Este capítulo apresentará a ferramenta de software que foi desenvolvida para calcular a exposição aos riscos.

6.1 CONSIDERAÇÕES INICIAIS

Conforme esta pesquisa demonstrou a relevância do tema, faz se necessário para contribuir com os especialistas na área de desenvolvimento de software, a implementação de uma ferramenta para compor o *Framework*, apresentado neste trabalho, utilizando-se dos pesos atribuídos, para efetuar o cálculo de exposição o risco.

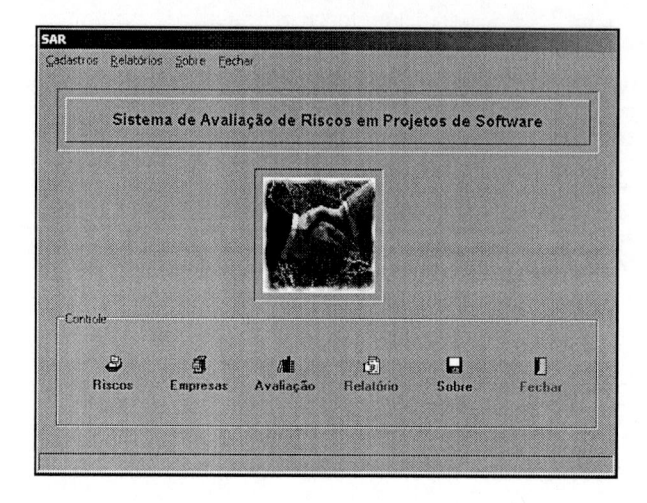

Figura 6.1 – *Tela principal do software de gerenciamento dos riscos.*

6.2 FUNCIONALIDADES

O software possui várias funcionalidades:

- Cadastro dos riscos validados e priorizados pela análise;
- Cadastro das empresas que submeterão os projetos à análise;
- Cadastro de avaliações;
- Relatório de avaliações;

6.2.1 Cadastro de Riscos

Para cadastrar os riscos utiliza-se a tela a seguir com interface intuitiva e comandos de navegação na barra.

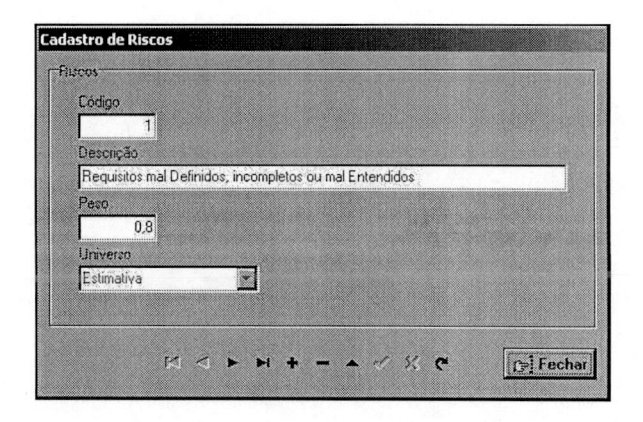

Figura 6.2 – Tela de cadastro de riscos.

6.2.2 Cadastro de Empresas

Para cadastrar as empresas que submeterão os projetos para avaliação de exposição aos riscos validados, utilizando o Framework, use a tela a seguir com interface intuitiva e também com comandos de navegação na barra.

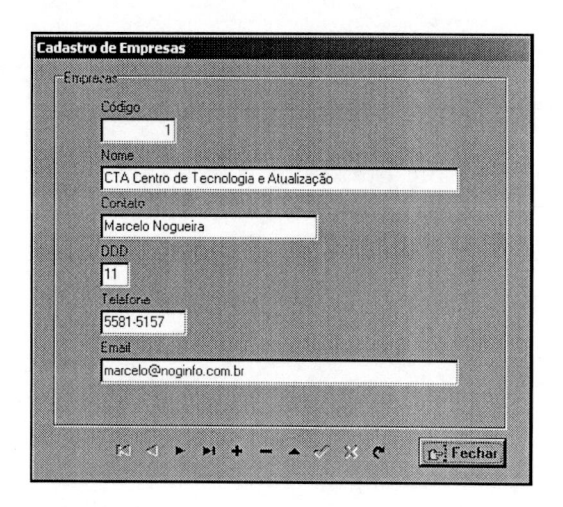

Figura 6.3 – Tela de Cadastramento de empresas.

6.2.3 Cadastro de Avaliações

Utilizando a fórmula de exposição ao risco, já citada no trabalho, o especialista atribuirá o grau de impacto que aquele risco tem no seu projeto.

O resultado da multiplicação do peso atribuído pelo para-analisador com o grau de impacto gerará o grau de exposição ao risco.

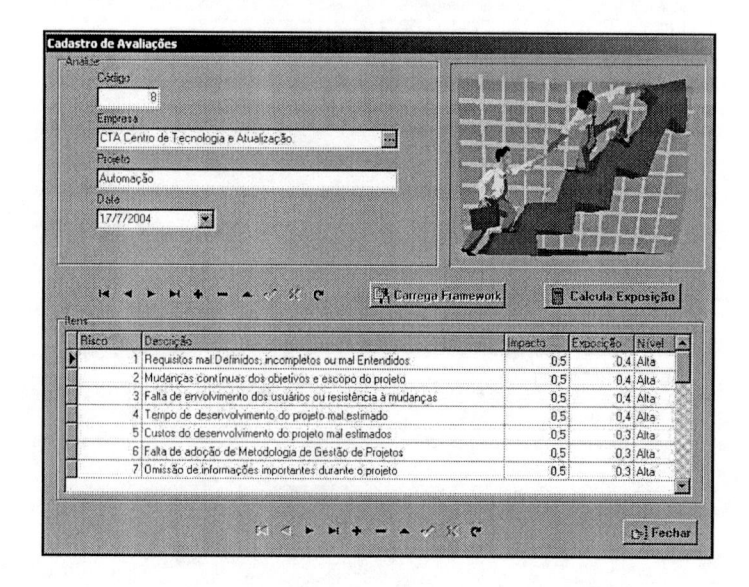

Figura 6.4 – *Tela de avaliação e cálculo de exposição dos riscos.*

6.2.4 Relatório de Avaliação de Exposição ao Risco

Para o gestor poder manusear com os resultados obtidos pela avaliação, é permitida a impressão ou tão somente a visualização das informações na tela do computador.

Para isso basta selecionar o número da avaliação e ao clicar o relatório será acionado.

Figura 6.5 – *Tela de seleção de avaliação.*

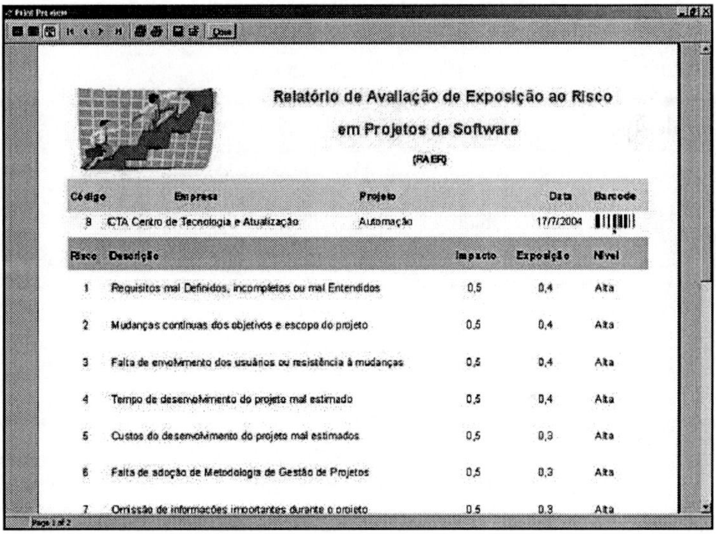

Figura 6.6 – *Tela de Relatório de Avaliação de Exposição ao Risco.*

De posse dessa ferramenta, o especialista poderá acompanhar as alterações de impacto e fazer medições toda vez que as ações sobre os riscos tenham efeitos.

6.3 ESTUDOS DE CASO

Serão utilizados dois casos. Um hipotético e outro real.

6.3.1 Estudo de Caso Hipotético

Partindo primeiramente de um caso hipotético, para demonstrar a forma que é calculada a exposição ao risco pelo software.

Selecionando somente três fatores de risco e seus respectivos pesos:

Tabela 63 - Três primeiros riscos classificados no Framework.

Nº	Fator de Risco	Peso
1	Requisitos mal-definidos, incompletos ou mal-entendidos	0,8
2	Mudanças contínuas dos objetivos e escopo do projeto	0,8
3	Falta de envolvimento dos usuários ou resistência a mudanças	0,8

O software aplicará a fórmula:

$$ER\,(Exposição\,ao\,risco) := Go(Grau\,de\,Ocorrência) * Ip(Impacto\,no\,Projeto)$$

Equação 6.1 – Fórmula de Cálculo de exposição ao risco.

Para isso o especialista atribui o grau de impacto para aquele fator de risco:

Nº 1 Impacto = 0,7

Nº 2 Impacto = 0,0

Nº 3 Impacto = 0,3

Então:

ER1:= 0,80 * 0,7 = 0,56

ER2:= 0,80 * 0,0 = 0,00

ER3:= 0,80 * 0,3 = 0,24

Verificará as condições conforme tabela a seguir:

Tabela 64 - Fatores para cálculo de exposição ao risco.

Condição	Exposição
ER > 0,25	Alta exposição ao risco
ER = 0,25	Média exposição ao risco
ER < 0,25	Baixa exposição ao risco
ER = 0	Não há exposição ao risco

Conclui-se que:

ER1 = 0,70 > 0,25 = Alta exposição ao risco;

ER2 = 0,0 < 0,25 = Não exposição ao risco;

ER3 = 0,24 < 0,25 = Baixa exposição ao risco;

6.3.2 Estudo de Caso Real

Considerando um projeto de uma empresa que desenvolve software e não possui gestão de riscos, utilizou-se a ferramenta para se obter o nível e o cálculo de exposição ao risco.

Empresa: A & B Associados (Nome real não divulgado)

Obteve os seguintes os seguintes resultados:

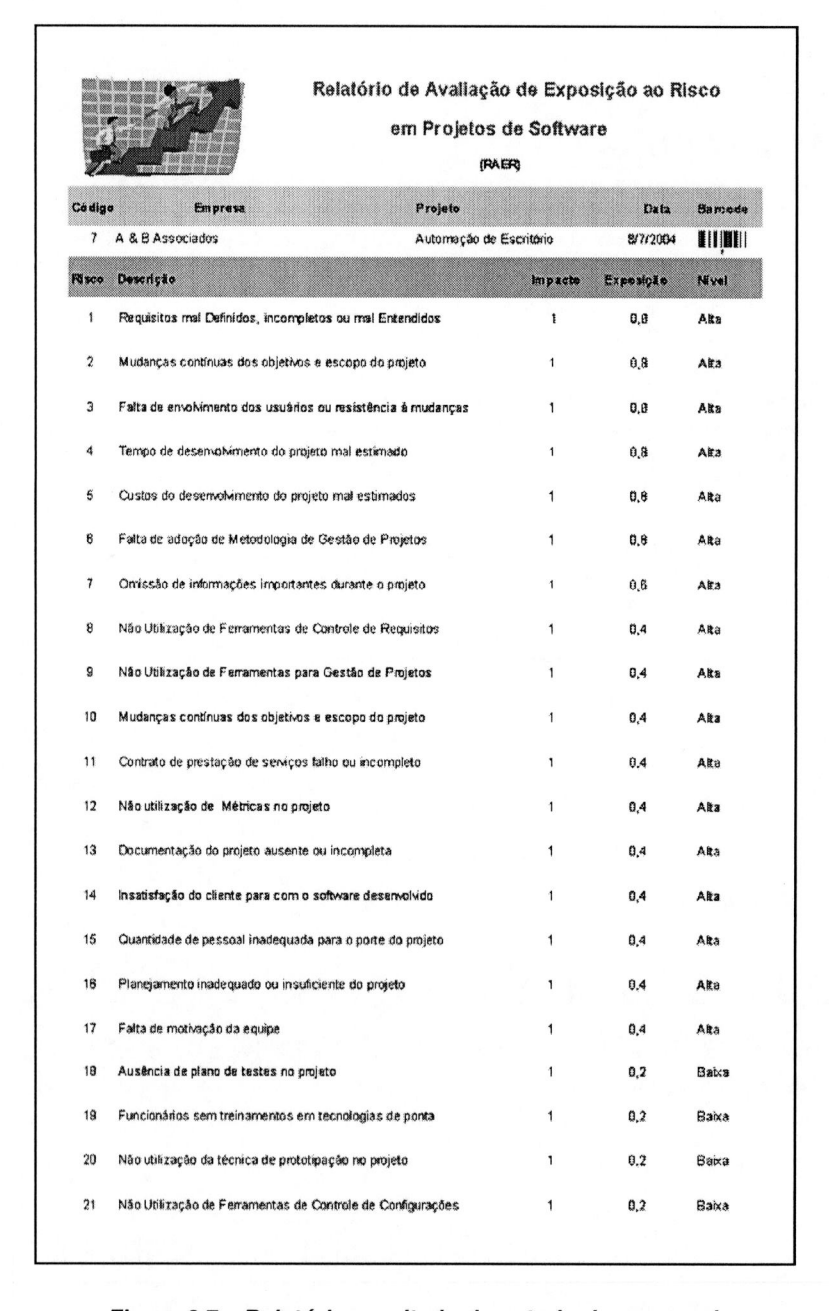

Relatório de Avaliação de Exposição ao Risco em Projetos de Software

(RAER)

Código	Empresa	Projeto	Data	Barcode
7	A & B Associados	Automação de Escritório	8/7/2004	

Risco	Descrição	Impacto	Exposição	Nível
1	Requisitos mal Definidos, incompletos ou mal Entendidos	1	0,8	Alta
2	Mudanças contínuas dos objetivos e escopo do projeto	1	0,8	Alta
3	Falta de envolvimento dos usuários ou resistência à mudanças	1	0,8	Alta
4	Tempo de desenvolvimento do projeto mal estimado	1	0,8	Alta
5	Custos do desenvolvimento do projeto mal estimados	1	0,8	Alta
6	Falta de adoção de Metodologia de Gestão de Projetos	1	0,8	Alta
7	Omissão de informações importantes durante o projeto	1	0,6	Alta
8	Não Utilização de Ferramentas de Controle de Requisitos	1	0,4	Alta
9	Não Utilização de Ferramentas para Gestão de Projetos	1	0,4	Alta
10	Mudanças contínuas dos objetivos e escopo do projeto	1	0,4	Alta
11	Contrato de prestação de serviços falho ou incompleto	1	0,4	Alta
12	Não utilização de Métricas no projeto	1	0,4	Alta
13	Documentação do projeto ausente ou incompleta	1	0,4	Alta
14	Insatisfação do cliente para com o software desenvolvido	1	0,4	Alta
15	Quantidade de pessoal inadequada para o porte do projeto	1	0,4	Alta
16	Planejamento inadequado ou insuficiente do projeto	1	0,4	Alta
17	Falta de motivação da equipe	1	0,4	Alta
18	Ausência de plano de testes no projeto	1	0,2	Baixa
19	Funcionários sem treinamentos em tecnologias de ponta	1	0,2	Baixa
20	Não utilização da técnica de prototipação no projeto	1	0,2	Baixa
21	Não Utilização de Ferramentas de Controle de Configurações	1	0,2	Baixa

Figura 6.7 – Relatório resultado do estudo de caso real.

6.4 CONSIDERAÇÕES FINAIS

Com a utilização da ferramenta, o especialista, além de estar apoiado pelo Framework, poderá fazer gestão dos riscos em projetos de software bem como minimizá-los a tempo de evitar prejuízos a organização. O estudo de caso utilizado neste capítulo mostrou a simplicidade da utilização, bem como a comprovação da sua fácil aplicação.

CAPÍTULO 7

Conclusão

Neste capítulo, são apresentadas as conclusões finais do trabalho.

7.1 CONSIDERAÇÕES INICIAIS

Com o advento da globalização, as empresas buscam cada vez mais apoiar-se em sistemas de informações que possam trazer relevantes contribuições aos negócios. O grande desafio está em buscar tecnologias que possam, de forma real, organizar operacionalmente o processo de informação, centralizar dados, de forma que possam ser analisados agrupadamente, e conseqüentemente encontrar nessa base de dados, ligações e possíveis informações que levarão a estabelecer estratégias de negócios em mercados ainda não explorados ou não enxergados, obtendo diferenciação e vantagens competitivas.

Figura 7.1 – Vantagem Competitiva.

Segundo Laudon (LAUDON, 1999), um dos papéis mais importantes para os sistemas de informação tem sido a sua aplicação em problemas que se relacionam à vantagem competitiva de uma empresa. Esses sistemas são chamados de sistemas de informação estratégicos, porque concentram suas operações em resolver problemas relacionados com a prosperidade da empresa a longo prazo e sobrevivência. Tais problemas podem significar a criação de novos produtos e serviços, o estabelecimento de novas relações com clientes e fornecedores, ou a descoberta de meios mais eficientes e mais eficazes de se administrar as atividades internas da empresa.

Portanto os sistemas de informação têm representação estratégica na organização, e por isso devem ter um tratamento sistêmico no seu desenvolvimento para se obter os resultados esperados, visando promover melhor aderência aos processos de negócios da empresa em questão.

No entanto os números apresentados aqui como fonte o Ministério da Ciência e Tecnologia mostraram que a falta de adoção e utilização de normas e modelos de qualidade para os processos de engenharia de software no Brasil, bem como a gestão de riscos, estão muito abaixo do necessário para se ter um processo de desenvolvimento de software sistemático e confiável.

A informalidade no desenvolvimento de software que imperava na década de 60, ainda está presente em muitas organizações independente do seu porte, com isso a produção de software no Brasil, não atinge a qualidade necessária para atender a demanda interna, permitindo que empresas multinacionais "invadam" nosso mercado. Existem casos de sucesso, mas diante do cenário nacional apresentado e o número de empresas que desenvolvem software no Brasil, os números de sucessos poderiam ser maiores se os processos de desenvolvimento de software fossem controlados e assistidos por métodos, procedimentos e ferramentas, visando a qualidade e a produtividade.

Essa pesquisa foi desenvolvida com objetivo de encontrar e demonstrar caminhos alternativos para diminuir os casos de fracassos em projetos de software no Brasil.

7.2 Resultados

Na pesquisa, com o levantamento bibliográfico, foi possível identificar que todos os autores reconhecem as dificuldades existentes no processo de desenvolvimento de software. Mesmo apresentando formas e procedimentos para facilitar a compreensão, bem como difundir a utilização desses métodos, nem sempre isso acontece, pois eles mesmos reconhecem que nenhum método é infalível, devido à complexidade dos problemas a serem solucionados por um sistema de informação.

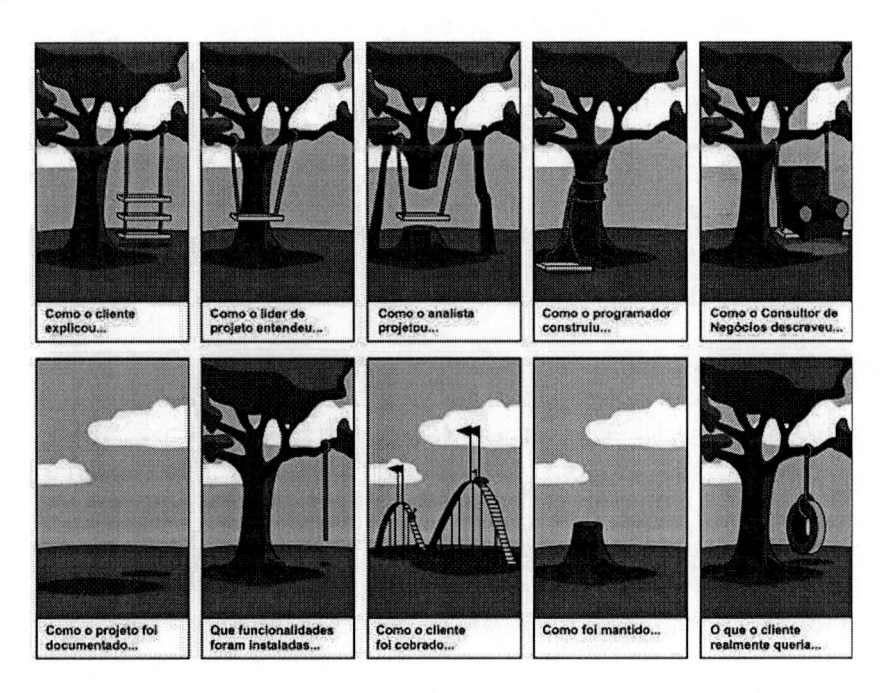

Figura 7.2 – *Dificuldades de Compreensão dos problemas a serem solucionados pelos sistemas de informação.*

Esta fase do trabalho identificou os possíveis riscos para os projetos de software descritos na literatura.

No entanto, diante de tantas incertezas inerentes aos projetos de software, ficou evidente a necessidade de utilizar métodos relativamente novos para apresentar resultados diferentes dos já anteriormente apresentados em outros trabalhos. Nesse caso está se referindo a utilização da Lógica Paraconsistente Anotada.

Devido a sua fácil implementação, foi possível tratar os dados resultantes da pesquisa de campo, de forma que pudessem mesclar as opiniões dos stakeholders nos projetos de software, com o intuito de validar os riscos identificados no levantamento bibliográfico.

Para tanto, foi desenvolvido um software para realizar a pesquisa através da Internet, devido a maior rapidez de acesso aos especialistas, bem como a utilização de um banco de dados que proporcionou precisão necessária para o tratamento dos dados.

Então, foi possível apresentar os resultados que foram satisfatórios, pois diante de 36 hipóteses, 21 foram consideradas verdadeiras, reforçando ainda mais a necessidade da atenção para com os riscos nos projetos de software, diante da percepção apresentada pelos próprios especialistas que lidam diariamente com o processo de Engenharia de Software.

Os riscos por si só possuem características mutáveis, necessitando de um controle e de acompanhamento constante para possíveis alterações quanto ao seu comportamento e seu impacto nos projetos de software a serem analisados.

Este controle, dificilmente seria possível sem o apoio de uma ferramenta para realizar esta tarefa. Em outros trabalhos com temas semelhantes a este, foi desejado para trabalhos futuros a implementação de um software para realizar tal monitoramento.

Diante disso, foi desenvolvido um software para realizar tal controle e monitoramento, baseado nos riscos identificados por essa pesquisa, a análise realizada baseada na lógica paraconsistente e pelos pesos atribuídos para cada fator de risco aqui apresentado.

O resultado foi um software de fácil utilização, onde o especialista pode atribuir o grau de impacto para um determinado projeto, pois cada projeto possui infraestrutura empresarial diferente e por isso devem ter valores atribuídos para cada caso, medindo assim o nível de exposição ao determinado risco.

A ferramenta aqui acrescentada mostrou a fácil utilização e provou a possibilidade de aplicação imediata do Framework de riscos proposto por essa pesquisa.

A demonstração de dois casos práticos complementa a aplicabilidade do Framework de riscos.

7.3 CONTRIBUIÇÕES

Segundo Sommerville (SOMMERVILLE, 2003), uma importante tarefa de um gerente de projetos é prever os riscos que podem afetar o projeto ou a qualidade do software em desenvolvimento e tomar as medidas necessárias para evitar esses riscos. Os resultados da análise de riscos devem ser documentados no plano de projeto, juntamente com uma análise das conseqüências da ocorrência de algum fator de risco. Identificar riscos e traçar planos para minimizar seus efeitos sobre o projeto é chamado de gestão de riscos.

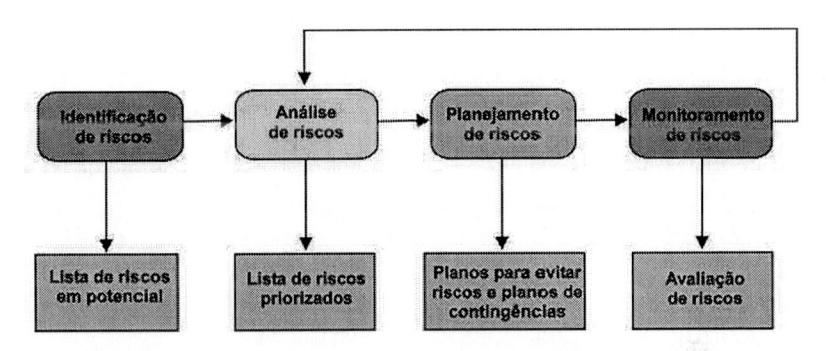

Figura 7.3 – *O Processo de Gestão de Riscos (SOMMERVILLE, 2003).*

Com a apresentação do Framework de Riscos nesta pesquisa o gerente de projetos ou o desenvolvedor de software terá quanto á:

- Identificação dos Riscos: uma lista de riscos universais em potencial levantados juntamente ao referencial bibliográfico.

- Análise de riscos: uma lista de riscos universais priorizados de acordo com a análise feita pelo para-analisador.

- Monitoramento de Riscos: uma ferramenta de software para monitorar e avaliar os riscos do projeto.

Apoiado pelo Framework, caberá ao responsável pela gestão dos riscos estabelecer o planejamento dos riscos identificados e analisados ou seja, criar planos para evitar e minimizar os efeitos desses riscos, pois para cada situação serão necessárias atitudes gerenciais diferentes.

7.4 TRABALHOS FUTUROS

A pesquisa realizada pela Internet foi interrompida somente na extração dos dados para a análise dessa dissertação. No entanto ela foi recolocada em operação para proporcionar estudos e análises futuras, principalmente na tentativa de validar os 15 fatores de risco que não foram validados na ocasião. Devido à relevância do tema, a continuidade se faz necessária já que possui grande abrangência e reflexos diretos na engenharia de software.

Novas regras amálgamas de tratamento de dados poderão ser criadas para se obter as validações.

A facilidade proporcionada pela lógica paraconsistente para análise dos dados, motiva definitivamente a continuidade da pesquisa.

Novos resultados obtidos poderão ser publicados através de um artigo que venha demonstrar a continuidade da pesquisa a qual caracterizou de suma importância para contribuir com o "Estado da Arte" no desenvolvimento de software no Brasil.

7.5 Considerações Finais

Segundo Peter (BERNSTEIN, 1997):

"O fundamento da vida moderna na engenharia, finanças, seguros, medicina e ciências é denominado por riscos. Isso é o que distingue os tempos modernos do passado mais distante".

Esta pesquisa teve o objetivo principal de fornecer instrumentos para apoiar a gestão de riscos em projetos de software. Aliada a capacidade e criatividade do profissional brasileiro, espera-se despertar nesses profissionais ligados a área de engenharia de software, a importância da adoção da gestão de riscos como fator crítico de sucesso no desenvolvimento de software, mudando radicalmente o cenário atual da informalidade, abrindo definitivamente os "Caminhos" para o sucesso no desenvol-vimento de software bem como atingir o maior nível de qualidade de software, tão necessária para atender as necessidades de organizações nacionais e internacionais, obtendo reconhecimento de que o Brasil também pode ser um pólo mundial de produção de software, como a Índia já foi um dia.

REFERÊNCIAS BIBLIOGRÁFICAS

ABE, J. M. *Curry álgebras* Pt, a aparecer em Logique et Analyse, 1999.

ABE, J. M. Fundamentos da lógica anotada. 1992. 192 f. Tese (Doutorado) - Programa de Pós-Graduação em Filosofia, Faculdade de Filosofia Letras e Ciências Humanas da Universidade de São Paulo, São Paulo.

ABE, J. M. Lógica Paraconsistente e Inteligência Artificial Coleção cadernos de estudos e pesquisas, série: 1-004/97, Universidade Paulista, 1997.

ADALI, S,;SUBRAHMANIAN, V.S. Amalgamating Knowledge Bases III: Algorithms Data Structures and Query Processing. Maryland. University of Maryland, 1993 Technical Report, CS-TR-3124.

AKAMA, S.; ABE, J. M. Fuzzy annotated logics. Aceito no IPMU, 2000.

ASSOCIAÇÃO BRASILEIRA DE NORMAS TÉCNICAS. NBR ISO/IEC 12207: Tecnologia de Informação: Processo de ciclo de vida de software. Rio de Janeiro, 1997. 41 p.

ASSOCIAÇÃO BRASILEIRA DE NORMAS TÉCNICAS. NBR-6023: informação e documentação – referências – elaboração. Rio de Janeiro, 2000. 22 p.

ÁVILA, B. C. et al. Uma extensão da linguagem Prolog para suportar programação lógica evidencial. Coleção Documentos, Série Lógica e Teoria da Ciência, IEA USP 29-43 p. 1997.

ÁVILA, B. C. Uma abordagem paraconsistente baseada em Lógica Evidencial para tratar exceções em sistemas frames com múltipla herança. 1996. 219 f. Tese (Doutorado), Escola Politécnica da Universidade de São Paulo, São Paulo.

BABICH, W. A. Software Configuration Management. Addison-Wesley, 1986.

BALDUINO, Ricardo. Implementando um processo de desenvolvimento de software: uma abordagem passo - a – passo. Rational Software White Paper, IBM, São Paulo, 2002.

BERNSTEIN, Peter. Desafio aos deuses: a fascinante história do risco. Rio de janeiro: Campus, 1997. 181 p.

BLASCHEK, JOSÉ ROBERTO. Gerência de Requisitos, o principal problema dos projetos de software. Artigo Universidade Federal do Rio de Janeiro, Rio de Janeiro, 2003.

BOEHM, Barry. A spiral model of software development and enhancement. IEEE Computer, V.21, n.5, p.61-72, 1988.

BOGHI, Cláudio; SHITSUKA, Ricardo. Sistemas de Informação: um enfoque dinâmico. 1º ed. São Paulo: Érika, 2002. 284 p.

BROOKS, F. Essence and accidents to software engineering. Los Alamos, California, IEEE Computer Society, v.4, n.3, 1987.

BROOKS, F. P. The mythical man month. Addison Wesley, 1975.

CARR, M. J., et al. Taxonomy based risk identification technical report CMU/SEI 93 TR 6. SEI Carnegie Mellon University, EUA, 1993.

CHADBOURNE, Bruce C. To the heart of risk management: teaching project teams to combat risk. In: Annual Project Management institute seminar & symposium, Pennsylvania, 1999.

CHAOS REPORT. New York City:The Standish Group, 1995. Disponível em: <http://www.standishgroup.com>. Acesso em: 06 jun.2003.

CHARETTE, R. N. Software Engineering risk analysis and management. McGraw Hill, 1989. 643 p.

CHARETTE, Robert. Application strategies for risk analysis. New York: Multiscience Press, 1990.

CIPRO NETO, Pasquale; INFANTE Ulisses. Gramática da Língua Portuguesa. São Paulo: Scipione, 1998. 583 p.

CONROW, E.H.; SHISHIDO, P. S. Implementing risk management on software intensive projects. IEEE Software, vol.14, n° 3, pp 23-89, 1997.

CRUZ, Carla; RIBEIRO, Uirá. Metodologia Científica: Teoria e Prática. Rio de Janeiro: Axcel Books, 2003. 218 p.

DA COSTA, Newton C. A. et al. Lógica Paraconsistente Aplicada. São Paulo: Atlas, 1999.

DA COSTA, Newton C. A.; ABE J. M.; SUBRAHMANIAN, V. S. Remarks on annotated logic. Zeitschrift f. math. Logik und Grundlagen d. Math. 37, 1991. 561-570 p.

DA SILVA FILHO, J. I.; ABE J. M. Para-control: Na Analyzer Circuit based on algorithm for treatment of inconsistencies. Proc. Of the world multiconference os systemics, Cybernetics and informatics, ISAS, SCI 2001, Vol. XVI, Cybernetics and informatics: Concepts and Applications (Part I), Florida, USA, 2001. p. 199-203.

DA SILVA FILHO, J. I.; ABE J. M. Para-Fuzzy Logic Controller: Part I: A new method of hybrid control indicated for treatment of inconsistencies designed with the junction of the paraconsistent logic and fuzzy logic. Proceedings of the International ICSC Congress on Computational Intelligence Methods Applications, CIMA, 1999.

DA SILVA FILHO, J. I.; ABE J. M. Para-Fuzzy Logic Controller: Part II: A Hybrid logical controller indicated for treatment of fuzziness and inconsistencies. Proceedings of the International ICSC Congress on Computational Intelligence Methods Applications, CIMA, 1999.

DA SILVA FILHO, João Inácio; ABE, Jair Minoro. Fundamentos das Redes Neurais Artificiais Paraconsistentes. São Paulo: Arte & Ciência, 2000. 296 p.

DA SILVA FILHO, João Inácio; ABE, Jair Minoro. Introdução à Lógica Paraconsistente Anotada. 1° ed. São Paulo: Emmy, 2000. 166 p.

DA SILVA FILHO, João Inácio; ABE, Jair Minoro; SCALZITI, Alexandre. Introdução à Lógica para a ciência da computação. São Paulo: Arte & Ciência, 2001. 248 p.

DRUCKER, P. Management. 1975 apud PRESSMAN, Roger S. Engenharia de Software. Rio de Janeiro: McGraw Hill, 2002. 5° ed.

FIORINI, SOELI T., et al. Engenharia de Software com CMM. Rio de Janeiro: Brasport, 1998. 312 p.

FLEURY, André Leme. Dinâmicas Organizacionais em Mercados Eletrônicos. São Paulo: Atlas, 2001. 108 p.

FREITAS, Luís Ricardo Napolitano. Projetos em Tecnologia da Informação: Como acertar através da análise dos erros. 2000. 175 f. Dissertação (Mestrado) – Programa de Pós-Graduação em Engenharia de Produção, Escola Politécnica da Universidade de São Paulo, São Paulo.

HAMMER, Michael; CHAMPY, James. Reengenharia Revolucionando a empresa. 21º ed. Rio de Janeiro: Campus, 1994. 189 p.

HIGUERA, R. P.; HAIMES, Y. Y. Software risk management technical report CMU/SEI 96 TR 012. SEI Carnegie Mellon University, 1996.

HIGUERA, R.P. Team Risk Management. Cross Talk, U.S. Dept. of Defense, 1995.

IEEE 1044.1-1995, IEEE Standard Glossary of Software Engineering Terminology, IEEE, 1995.

IEEE Computer Society. Guide to the software engineering body of knowledge. Piscataway, Nj, USA, 2001.

IEEE STD. 610 12-1990, IEEE Standard Glossary of Software Engineering Terminology, IEEE, Piscataway, NJ, 1997.

KEIL, M., et al. A Framework for identifying software project risks. CACM, vol.41 nº 11, 1998. 76-83 p.

LAUDON, Kenneth C.; LAUDON, Jane Price. Sistemas de Informação,Rio de Janeiro: LTC, 1999. 389 p.

LEE, Richard C.; TEPFENHART, William M.. UML e C++: Guia de desenvolvimento orientado a objeto. São Paulo: Makron Books, 2002. 550 p.

LEITE, Julio César Sampaio do Prado. Gerenciando a qualidade de software com base em requisitos. In: ROCHA, Ana Regina Cavalcanti; MALDONADO, José Carlos; WEBER, Kival Chaves. Qualidade de Software: Teoria e Prática. São Paulo: Prentice Hall, 2001. p. 238-246.

LEOPOLDINO, Cláudio Bezerra. Avaliação de Riscos em Desenvolvimento de Software. 2004. 151 f. Dissertação (Mestrado) – Programa de Pós-Graduação em Administração, Universidade Federal do Rio Grande do Sul, Porto Alegre.

MACHADO, Cristina Ângela Filipak. A-Risk: um método para identificar e quantificar risco de prazo em projetos de desenvolvimento de software. 2002. 239 f. Dissertação (Mestrado) – Programa de Pós-Graduação em Informática Aplicada, Pontifícia Universidade Católica do Paraná, Curitiba.

MACHADO, Cristina Ângela Filipak. NBR ISO/IEC 12207: Processos de ciclo de vida do software. In: ROCHA, Ana Regina Cavalcanti; MALDONADO, José Carlos; WEBER, Kival Chaves. Qualidade de Software: Teoria e Prática. São Paulo: Prentice Hall, 2001. p. 9-16.

MAFFEO, Bruno. Engenharia de Software e Especificação de Sistemas. Rio de Janeiro: Campus, 1992. 323 p.

MARTIN, James. Engenharia da Informação. Rio de Janeiro: Campus, 1991. 359 p.

MINISTÉRIO DA CIÊNCIA E TECNOLOGIA. Secretaria de Política de Informática. Qualidade e Produtividade no Setor de Software Brasileiro. Brasília, 2002. 258 p.

NAKAMATSU, K. et al. Raciocínio automático em lógica deôntica "defeasible" paraconsistente. In: I congresso de Lógica Aplicada à Tecnologia, 2000, São Paulo: Plêiade.

NOGUEIRA, Marcelo. A Engenharia de Requisitos e Ergonomia Cognitiva como Fator Crítico de Sucesso para Desenvolvimento de Software. In: X SIMPEP Simpósio Engenharia de Produção, 2003, Bauru. Anais. Bauru: UNESP, 2003. Disponível em <http://www.simpep.feb.unesp.br> Acesso em: 10 dez.2003.

NOGUEIRA, Marcelo. A Implementação da Engenharia de Requisitos como Fator Crítico de Sucesso para Desenvolvimento de Software. In: X CREEM Congresso Estudantes de Engenharia, 2003, Santos. Anais. Santos: UNISANTA, 2003. CD-ROM.

NOGUEIRA, Marcelo. A norma ISO 12.207, nas empresas de desenvolvimento de software. In: X SIMPEP Simpósio Engenharia de Produção, 2003, Bauru. Anais. Bauru: UNESP, 2003. Disponível em <http://www.simpep.feb.unesp.br> Acesso em: 10 dez.2003.

NOGUEIRA, Marcelo. Gerência de Configuração em projetos de sistemas nas empresas de desenvolvimento de software de pequeno porte. In: WCETE Congresso Mundial de Educação da Engenharia, 2004, Santos. Anais. U.S.A.: IEEE, 2003. CD-ROM.

NOGUEIRA, Marcelo. Gestão de Riscos na implantação de ERP. In: WCETE Congresso Mundial de Educação da Engenharia, 2004, Santos. Anais. U.S.A.: IEEE, 2003. CD-ROM.

NOGUEIRA, Marcelo. Metodologia de desenvolvimento de sistemas de informação para internet. In: WCETE Congresso Mundial de Educação da Engenharia, 2003, Santos. Anais. U.S.A.: IEEE, 2004. CD-ROM.

NOGUEIRA, Marcelo. Modelando processos de negócios com RUP em busca de excelência no desenvolvimento de Software. In: WCETE Congresso Mundial de Educação da Engenharia, 2003, Santos. Anais. U.S.A.: IEEE, 2004. CD-ROM.

NOGUEIRA, Marcelo. Obtendo vantagem competitiva com a implementação do Business Intelligence. In: WCETE Congresso Mundial de Educação da Engenharia, 2003, Santos. Anais. U.S.A.: IEEE, 2004. CD-ROM.

NOGUEIRA, Marcelo. Qual a importância da adoção da norma ISO 12.207, nas empresas de desenvolvimento de software. In: X CREEM Congresso Estudantes de Engenharia, 2003, Santos. Anais. Santos: UNISANTA, 2003. CD-ROM.

OLIVEIRA, Angelina. A. A. c. p., et al. Gerência de Configuração de Software, Evolução do Software sob controle: ITI Instituto Nacional de Tecnologia da Informação, Laboratório de Avaliação e Melhoria de Processos de Software, São Paulo, 2001.

PAULA FILHO, Wilson de Pádua. Engenharia de Software: fundamentos, métodos e padrões. 2º ed. Rio de Janeiro: LTC, 2003. 602 p.

PAULK, M. C., et al. The Capatibility Maturity Model: Guidelines for improving the software process. Addison Wesley, 1995.

PESSÔA, Marcelo Schneck de Paula; SPINOLA, Mauro de Mesquita. CMM. In: ROCHA, Ana Regina Cavalcanti; MALDONADO, José Carlos; WEBER, Kival Chaves. Qualidade de Software: Teoria e Prática. São Paulo: Prentice Hall, 2001. p. 22-28.

PETERS, James F.; PEDRYCZ, Witold. Engenharia de Software. Rio de Janeiro: Campus, 2001. 602 p.

PIVETTA, Valdimir Uliana. Modelo de apoio à gestão de riscos no desenvolvimento de software. 2002. 103 f. Monografia (MBA) – Programa de MBA em Engenharia de Software, Escola Politécnica da Universidade de São Paulo, São Paulo.

PMBOK, Project Management Institute. The guide to the project management body of knowledge. Pennsylvania, USA, 2000.

PRADO, José Pacheco de Almeida. Uma arquitetura para inteligência artificial distribuída baseada em Lógica Paraconsistente Anotada. 1995. 217 f. Tese (Doutorado) – Programa de Pós-Graduação em Engenharia da Computação e Sistemas Digitais, Escola Politécnica da Universidade de São Paulo, São Paulo.

PRESSMAN, ROGER S. Engenharia de Software. 5º ed. Rio de Janeiro: McGraw Hill, 2002. 843 p.

REZENDE, Denis Alcides. Engenharia de Software e Sistemas de Informações. Rio de Janeiro: Brasport, 1999. 292 p.

SALVIANO, Clênio Figueiredo et al. SPICE. In: ROCHA, Ana Regina Cavalcanti; MALDONADO, José Carlos; WEBER, Kival Chaves. Qualidade de Software: Teoria e Prática. São Paulo: Prentice Hall, 2001. p. 29-34.

SEI SOFTWARE ENGINEERING INSTITUTE. Pittsburgh: Carnegie Melon University, 2001. Disponível em: <http://www.sei.cmu.edu.>. Acesso em: 01 fev.2002.

SOMMERVILLE, Ian. Engenharia de Software. 6º ed. São Paulo: Addison Wesley, 2003. 592 p.

SOUZA, César Alexandre; SACCOL, Amarolinda Zanela. Sistemas ERP no Brasil: Enterprise Resource Planning. São Paulo: Atlas, 2003. 368 p.

SPINOLA, Mauro De Mesquita. Diretrizes para o desenvolvimento de software de sistemas embutidos. 1998. 251 f. Tese (Doutorado) - Programa de Pós-Graduação em Engenharia de Produção, Escola Politécnica da Universidade de São Paulo, São Paulo.

SUBRAHMANIAN, V.S. Amalgamating Knowledge Bases. ACM Trans. On DataBases Systems. v.19, n.2, p.291-331, 1994.

TONSIG, Sergio Luiz. Engenharia de Software. São Paulo: Futura, 2003. 351 p.

TRABALLI, Rogério Carlos. Aplicação do Algoritmo Para-Analisador na Localização de Negócio. 2004. 120 f. Dissertação (Mestrado) – Programa de Pós-Graduação em Engenharia de Produção, Universidade Paulista, São Paulo.

WEBER, Kival Chaves. Mudanças na Norma ISO 9000. In: ROCHA, Ana Regina Cavalcanti; MALDONADO, José Carlos; WEBER, Kival Chaves. Qualidade de Software: Teoria e Prática. São Paulo: Prentice Hall, 2001. p. 16-22.

WIEDERHOLD, S. J.; LITWIN, W. Dealing with Grannularity of Time in Temporal Database. Lecture Notes in Computer Science, v.498, p.124-140, 1991.

WIEDERHOLD, S. J.; LITWIN, W. Integrating Temporal Data in a Heterogeneous Environment. Temporal Databases, nv., np., 1993.

WILLIAMS, R. C.; WALKER J. A.; DOROFEE, A. J. Putting risk management into practice. IEEE Software, vol.14, n° 3, pp 75-81, 1997.

GLOSSÁRIO

Categorias de risco – São coleções de itens de risco que compartilham mútua e forte correlação e tem fraca correlação com itens de outra categoria.

Fases do ciclo de vida – Uma classificação de alto nível de ciclo de vida usada para facilitar a gerência do sistema.

Falha no projeto – Falhas em projeto podem ser entendidas como a não conformidade com os requisitos do projeto, ou seja, custo, prazo, qualidade, esforço.

Framework – Estrutura.

Incertezas – Incerteza pode ser de tempo, de controle e de informação das escolhas que nós fazemos.

É a probabilidade de ocorrer um evento (diferente de risco, que leva em conta o impacto).

Mailing List – Lista de mala-direta ou endereços.

Métodos – Um conjunto específico de regras, técnicas ou guias para executar um processo e suas atividades. Um método serve para organizar e disciplinar o processo de desenvolvimento como um todo.

Métricas – Uma síntese de múltiplas medições com o propósito de definir uma característica de um processo.

Mitigação – Diminuir, atenuar, minimizar efeito.

Origem de risco – Categorias de possíveis eventos que podem afetar o projeto positiva ou negativamente.

Risco – É definido como a probabilidade de um evento indesejável ocorrer e o significado da conseqüência para a ocorrência (um evento e sua probabilidade de impacto).

É a probabilidade de ocorrência de conseqüências indesejadas de um evento e decisão. Cada risco tem uma probabilidade e um impacto que podem afetar ambos os elementos.

Stakeholder – Qualquer indivíduo, grupo ou organização que pode afetar, ser afetado por, ou se perceber como afetado por um risco.

Taxonomia – Um esquema que particiona um corpo de conhecimento e define as relações entre as partes. É usado para classificar e entender o corpo de conhecimento.

Gerenciamento de Projeto na Visão de um Gerente de Projetos

Autor: João Ricardo Barroca Mendes

344 páginas
1ª edição - 2006
Formato: 16 x 23
ISBN: 85-7393-419-0

A estrutura desta obra é baseada no padrão PMBOK® do Project Management Institute; no entanto, sua abordagem está longe de ser ortodoxa. O livro é fruto da experiência prática em gerenciamento de projetos e de discussões durante os cursos ministrados pelo autor em diversas empresas ou com seus clientes de consultoria na resolução de problemas específicos.

O autor faz uma análise crítica e detalhada dos pressupostos teóricos e da eficiência prática real de técnicas consagradas de gerenciamento de projetos, como CPM, EVM e ISO-9000 e, em seguida, oferece alternativas não convencionais, tais como a Corrente Crítica e o Gerenciamento de Buffers – tudo isso dentro de um estilo leve e com uma abordagem histórica da evolução do conhecimento em gerenciamento de projetos.

À venda nas melhores livrarias.

Gestão de Estoques: Ação e Monitoramento na Cadeia de Logística Integrada

Autor: Cássia E. de Moura

424 páginas
4ª edição - 2004
Formato: 16 x 23
ISBN: 85-7393-343-7

Esta obra trata da administração de estoques em empresas que buscam a competitividade, abordando temas chave, para desenvolver o leitor em estratégias empresariais. Aborda os conceitos básicos, definindo os diversos tipos de demandas e estoques, além dos indicadores relacionados à administração dos estoques que servirão de ferramentas para o desenvolvimento dos trabalhos.

Traz os modelos de lote econômico de compras, estimulando a criação de conceitos em cima dos já existentes. Trata da nova técnica de gestão de estoque, o MRP, com conceito e o funcionamento do sistema.

Fechando todos os capítulos, exercícios de aplicação para avaliar e testar o aprendizado.

Um glossário completo de termos utilizados no segmento de Logística encerra a obra.

À venda nas melhores livrarias.

**EDITORA
CIÊNCIA MODERNA**

Impressão e Acabamento
Gráfica Editora Ciência Moderna Ltda.
Tel.: (21) 2201-6662